Susanne Wingels

Heimatglück

Streifzüge und Stippvisiten am Niederrhein

Bildnachweis

4/5: Sonja Wingels; 18: Jutta Walterfang; 50: Anja Kröber Hexenlandfotos; 60–64: LVR Archäologischer Park und LVR Römermuseum/Fotograf: Axel Thuenker DGPh; 114: Zipfelbund; 130, 132 unten, 133, 134: Stefan Ketzinger; 155 unten: Tanja Ketelaer. Alle anderen Fotos stammen von der Autorin.

Bibliografische Information der Deutschen Nationalbibliothek
Die Deutsche Nationalbibliothek verzeichnet diese Publikation in der Deutschen Nationalbibliografie; detaillierte bibliografische Daten sind im Internet über portal.dnb.de abrufbar.

Impressum

1. Auflage September 2021
Satz und Gestaltung: Birgit Lonsdorfer
Druck und Bindung:
AALEXX Druck Produktion, Thönser Str. 5a, 30938 Burgwedel
Umschlaggestaltung: Guido Klütsch
Umschlagabbildung: Picture Alliance/blickwinkel/W. Pattyn
Autorinnenfoto Umschlagklappe: Jana Kathrin @fotostudiopeschges
Übersichtskarte Seite 6/7: © Pagina Verlag

ISBN 978-3-8375-2396-6

KLARTEXT

Jakob Funke Medien Beteiligungs GmbH & Co. KG
Jakob-Funke-Platz 1, 45127 Essen
info.klartext@funkemedien.de
www.klartext-verlag.de

Millingerwaard

Legende

 familienfreundlich

 Aussichtspunkt

 Naturerlebnis

 Sehenswürdigkeit

 barrierefrei

 eingeschränkt barrierefrei

Inhalt

1 Voltaireweg und Prinz-Moritz-Weg
2 Historische Gartenanlagen und Tiergartenwald
3 Reichswald
4 Duivelsberg und Heksendans
5 Unterwegs an der Niers
6 Naturpark De Maasduinen
7 Archäologischer Park
8 Tüschenwald, Sonsbecker Schweiz, Hees und Fürstenberg
9 Plaggenhütten in der Bönninghardt
10 Laubengang Haus Issum
11 De Wittsee
12 Sequoiafarm
13 Elmpter Schwalmbruch
14 Motte Aldeberg
15 Der westlichste Punkt Deutschlands
16 Wald der blauen Blumen
17 Skywalk Jüchen
18 Schwarzbach und Rotbach
19 Diersfordter Wald
20 Wasserburg Anholt und Anholter Schweiz
21 Hochelten
22 Naturschutzgebiet Millingerwaard

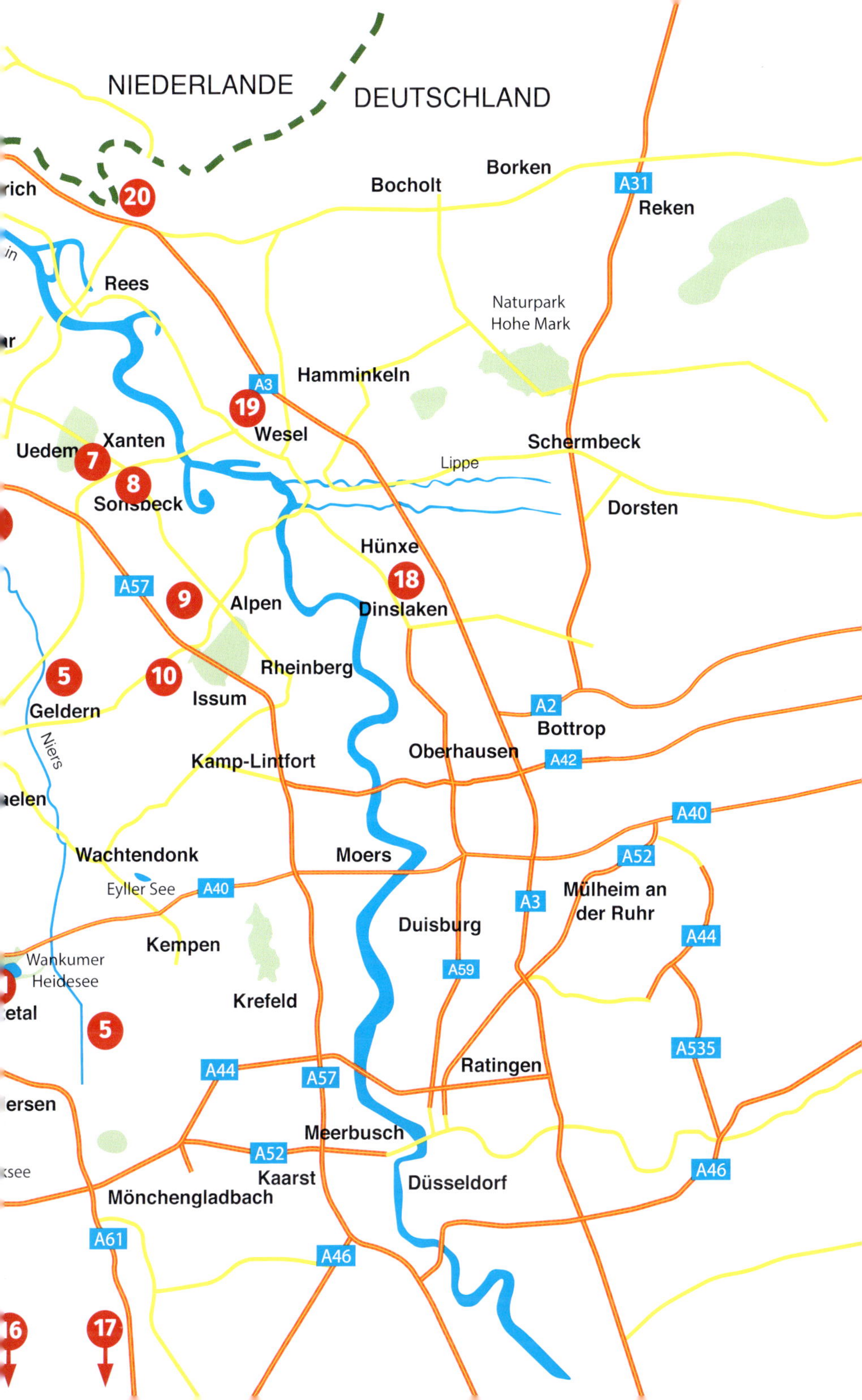
NIEDERLANDE
DEUTSCHLAND
Borken
Bocholt
A31
Reken
20
Rees
Naturpark
Hohe Mark
A3
Hamminkeln
19
Wesel
Xanten
Uedem
7
8
Sonsbeck
Schermbeck
Lippe
Dorsten
Hünxe
18
Dinslaken
A57
9
Alpen
5
10
Rheinberg
Geldern
Issum
A2
Bottrop
Niers
Kamp-Lintfort
Oberhausen
A42
A40
Wachtendonk
Moers
A52
Eyller See
A40
A3
Mülheim an
der Ruhr
Duisburg
Kempen
A44
Wankumer
Heidesee
A59
Krefeld
5
A535
Ratingen
A44
A57
Meerbusch
A52
A46
Kaarst
Düsseldorf
Mönchengladbach
A61
A46
17

Vorwort

Es gibt diese kleinen und auch größeren Lieblingsmomente, wenn wir einen Ort finden, an dem wir die Seele und manchmal auch die Beine baumeln lassen können. Einen Ort, an dem wir Freude empfinden, Kraft tanken, zur Ruhe kommen oder auch unsere Neugier befriedigen. Manchmal sind wir Streuner, die nur um die nächste Ecke schauen wollen, dann wieder möchten wir Neues erfahren oder etwas erleben.
Für Lieblingsorte muss man nicht weit reisen. Viele Plätze um uns herum haben das Potenzial, uns in den Bann zu ziehen und zu uns selbst zurück zu führen, wenn wir uns verloren fühlen. Streifen Sie durch die Gegend, seien Sie offen für Neues – es gibt so viel zu entdecken!

In diesem Buch zeige ich Ihnen meine liebsten Ausflüge in meiner Heimat am Niederrhein. Dies können längere Streifzüge sein oder kurze Stippvisiten an besonderen Orten. Die meisten bieten keine extremen Erfahrungen, sondern die kleinen Freuden, die sich in unserer Seele zu einer großen ansammeln können. Viele sind frei zugänglich und wenig frequentiert. Hinweise auf weitere, oft actionreiche Aktivitäten in der Nähe gibt es selbstverständlich „obendrauf" als Zugabe!
Ich wünsche viel Vergnügen beim Entdecken und Erkunden!

Susanne Wingels

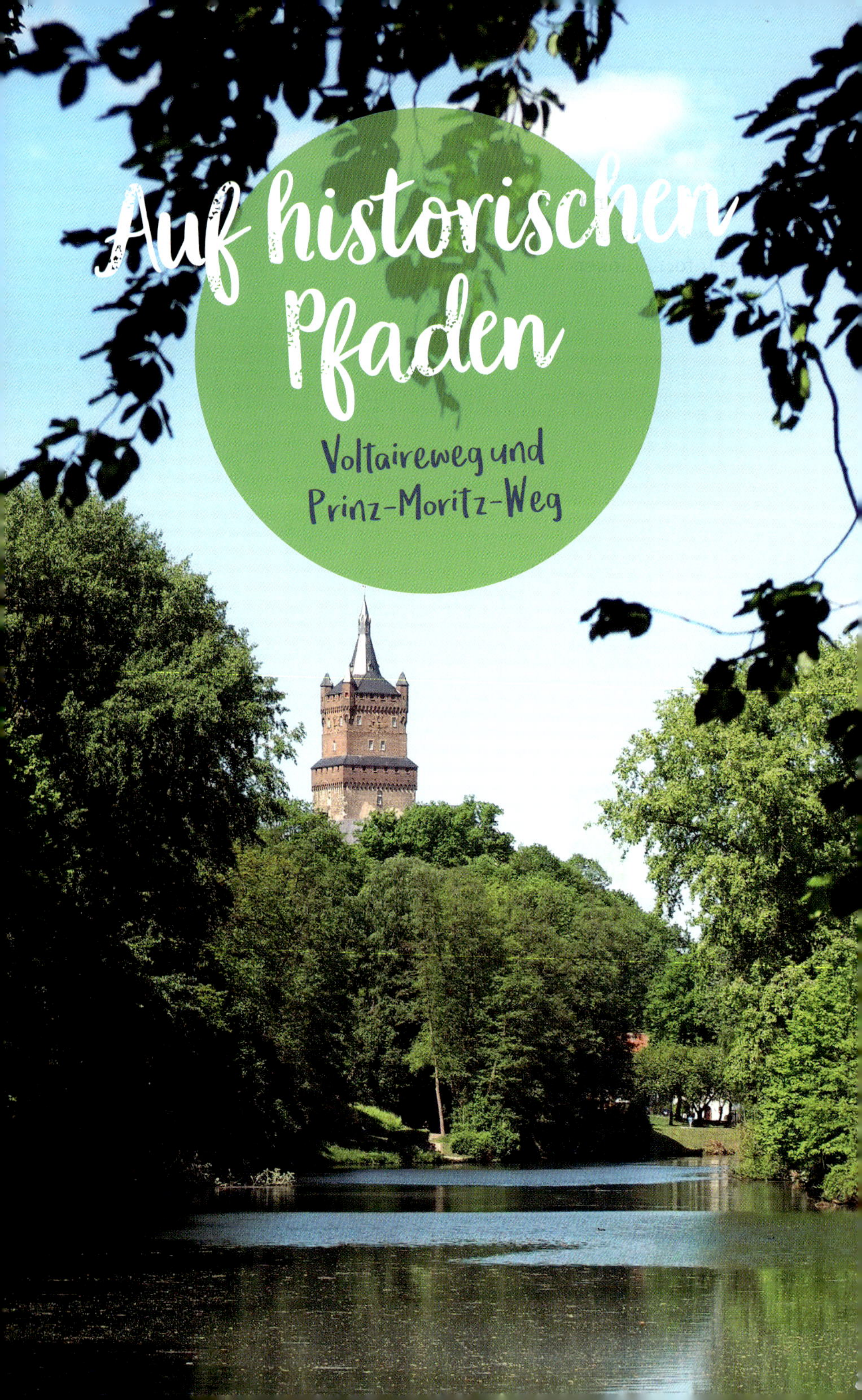
Auf historischen Pfaden
Voltaireweg und
Prinz-Moritz-Weg

Wir beginnen unsere Streifzüge wahrhaft königlich-philosophisch in Moyland auf dem Voltaireweg, der später in den Prinz-Moritz-Weg übergeht und unterhalb der Schwanenburg in Kleve endet. Am Wegrand gibt es – analog zur Namensgebung – kulturhistorische Informationen. Und noch so viel mehr! Wahre Lieblingsplätze gibt es zu erkunden, fürstliche Aussichtspunkte, Wald, Wasser, die Niederung und eine reiche Tier- und Pflanzenwelt.

Unsere Wanderung beginnt am Schloss Moyland, wo im Jahr 1740 Voltaire und König Friedrich II. (der Große) beim „Nachtessen" über die Unsterblichkeit der Seele und die Freiheit philosophierten. Heute beheimatet das neugotisch gestaltete Schloss eine Kunstsammlung mit Exponaten aus dem 19. und 20. Jahrhundert, Werken von Joseph Beuys und wechselnden Ausstellungen.

Anreise Pkw/Parkplatz:
am Schloss Moyland: Am Schloss 4, 47551 Bedburg-Hau
(GPS 51°45'12.67"N, 6°14'29.53"E)
Kleve, am alten Hallenbad: Königsgarten 46, 47533 Kleve
(GPS 51°47'4.76"N, 6° 8'28.44"E)
Kleve, an der Stadthalle: Lohstätte 7, 47533 Kleve
(GPS 51°47'13.89"N, 6° 8'26.33"E)

Anreise mit ÖPNV:
Linie 44, Haltestelle „Bedburg-Hau Schloss Moyland"
Linie 57, Haltestelle „Kleve Hallenbad" (60 m Fußweg bis Beginn des Weges) RE 10, SB58, Linien 44, 49, 50, 51, 52, 56, 57, Haltestelle „Bahnhof Kleve" (600 m Fußweg bis Beginn des Weges)

www.kleve-tourismus.de
www.bedburg-hau.de
www.moyland.de

Der Turm kann bestiegen werden, und die historische Gartenanlage mit Skulpturenpark, Laubengang und Kräutergarten lädt zum Lustwandeln ein. 1937 diente die geheimnisvoll-romantische Wasserburg als Kulisse für Baskerville Castle in der Verfilmung von Arthur Conan Doyles „Der Hund von Baskerville". Moyland heißt übersetzt „schönes Land", und diese Schönheit bestimmt unseren weiteren Weg.

Immer einen Besuch wert: Schloss Moyland und sein Garten

Der alte Postweg

Vorbei an der evangelischen Schlosskirche führt der Voltaireweg über den Alten Postweg unterhalb der eiszeitlichen Strauchmoräne durch den Wald nach Schneppenbaum. Diese Strecke dien-te in früheren Zeiten als Verbindung zwischen den Niederlanden und Städten wie Wesel oder Aachen. Noch heute befinden sich auf den alten Buchen am Wegrand Inschriften, die bis ins Jahr 1861 zurückgehen und die weit mehr zeigen als nur die heute üblichen Buchstabenkombinationen und Herzen. Unter anderem ist deutlich eine uralte Zeichnung eines Soldaten aus dem Jahr 1926 auf einem alten dicken Buchenstamm erkennbar (sicherlich nicht gut für den Baum und seine Rinde, aber für das Entzücken des Betrachters). Abstecher und Alternativrouten befinden sich weiter südlich oberhalb der Steigung: Etwa 250 Meter vor der Einmündung der Moyländer Allee in die Alte Bahn geht es

Tipp

Eine Broschüre zu Wanderungen in und um Kleve und Bedburg-Hau gibt es zum Download unter: www.kleve-tourismus.de

linkerhand zum Moyländer See, dessen Besuch wegen der Tierwelt im Uferbereich jedoch nur im Winterhalbjahr zulässig ist. Rechterhand führen – zunächst über den Golfplatz – schöne Alternativrouten durch den Wald nach Schneppenbaum und dort zurück auf den Voltaireweg.
Vorbei an Haus Rosendal gelangen wir entlang der Torfkuhle zum Gemeindezentrum Bedburg-Hau und zur romanischen Pfarrkirche Sankt Markus aus dem 12. Jahrhundert. Von hier führt der Weg durch die Felder und vorbei an der Ortschaft Qualburg, die auf ein römisches Kastell zurückgeht und Spuren fränkischer Besiedelung vorzuweisen hat.

Atemberaubende Aussichten

Jenseits der Hauer Straße geht die Strecke mit dem Aufstieg auf den Papenberg in den Prinz-Moritz-Weg über. Nach etwa 40 Höhenmetern bietet sich in dem letzten vom Fürsten Johann Moritz von

Tipp

Tretboot-Tour

Mit Tretbooten lässt sich der Kermisdahl unterhalb der Schwanenburg auf dem Wasser „erfahren". Zudem können in der Klever Innenstadt Partyboote für eine Tour über den Spoykanal zum Altrhein gemietet werden. Hier ist eine Kombination mit einer Draisinentour und anderen Erlebnissen möglich.

Anbieter (u. a.):
Tretbootverleih Königsgarten
(www.cafe-koenigsgarten.de)
FlussFeuer Bootsverleih
(www.flussfeuer.de)

Blick auf die Schwanenburg
vom „Kiek in de Pott“

Das Grab des Fürsten Johann Moritz von Nassau-Siegen

Nassau-Siegen geplanten Park eine grandiose Sicht über die Niederung und die Galleien auf Kleve mit Schwanenburg und Stiftskirche sowie auf den Eltenberg. Bänke laden zum Verweilen ein, und ich empfehle wärmstens einen Abstecher nach links durch den über 100 Jahre alten Hainbuchen-Laubengang im Fasanengarten. Doch auch der Abstieg vom Papenberg bietet einen malerischen Blick auf das zu seinen Füßen liegende Grabmal des Fürsten, dem Kleve seine Parkanlagen und Aussichtspunkte verdankt. Es wurde 1678 errichtet und im römischen Stil als Halbrund gestaltet, versehen mit antiken römischen Grabsteinen, Altären und Urnen, die mittlerweile durch Nachbildungen ersetzt wurden. Die Originale befinden sich im Rheinischen Landesmuseum in Bonn. Insgesamt 16 Amphoren thronen auf den alten Mauern. Der Leichnam des Fürsten verblieb nur ein Jahr in der reich verzierten prachtvollen gusseisernen Tumba, dann wurde er in die Familiengruft in Siegen überführt. Dem aufmerksamen Betrachter erschließt sich auf der Stelle, warum dieses reizvolle Stück Land

Idylle pur am Kermisdahl

„Berg und Tal“ genannt wird. Hier befindet sich übrigens auch ein sehr reizvoller Geocache mit Rätseln zu dem Grabmal.
Im weiteren Verlauf überschreiten wir die für uns unsichtbare Grenze nach Kleve. Am Meierhof vorbei führt der Weg durch ein „Urwäldchen“ und eine Pappelallee. Er folgt einem Gewässer namens Wetering, das sich ab dem Klever Ring Kermisdahl nennt und unterhalb der Schwanenburg vorbei über den Spoykanal nach Griethausen zum Altrhein fließt. Südlich (linkerhand parallel zum Prinz-Moritz-Weg) bietet sich ein Abstecher in den Sternbusch an, möglicherweise sogar mit einem Besuch im neuen Kombibad.

Info

Eiszeitliche Strauchmoränen

Ein Großteil der am Niederrhein vorhandenen Erhebungen geht auf die Saaleeiszeit vor etwa 250.000 Jahren zurück. Gletscher aus Inlandeis schoben Geröllmassen vor sich her, die am Rand der maximalen Ausdehnung einfach liegen blieben, als das Eis taute. Sand, Kies und Schotter, Ton und Geschiebemergel formten die Strauchmoräne, die an der Nord- und Ostseite eine relativ steile Kante aufweist und nach Süden und Westen flacher abfällt. Die Schwanenburg auf dem „Kliff“ nutzt diese Gegebenheit als eine der wenigen Höhenburgen am Niederrhein. Die eiszeitlichen Gletscher verschoben dabei manche ungewöhnlichen Fundstücke bis nach Kleve, die in der geologischen Ausstellung im Schwanenturm gezeigt werden. Die knapp 100 Erhebungen des sogenannten „Niederrheinischen Höhenzugs“, der sich von Elten und Nijmegen im Norden bis Krefeld im Süden erstreckt und sich deutlich von der nur knapp über Normalnull liegenden Rheinebene abhebt, erreichen Höhen von bis zu 106,8 Metern am Klever Berg.

Stets von Natur begleitet

Hinter dem Klever Ring wird die Wegführung interessant: Der Prinz-Moritz-Weg führt „unten“ am Wasser entlang, vorbei an einem Feuchtgebiet durch einen tunnelartigen Waldweg, stets begleitet von Schwänen und anderen Wasservögeln. Auf einem weiter hangaufwärts gelegenen Weg gelangen wir zum Aussichtspunkt „Kiek in de Pott“, den man keinesfalls verpassen sollte: Oben auf der Strauchmoräne wurde eine weitere tortenförmige Erhöhung geschaffen, von der eine Waldschneise einen einzigartigen Blick auf die Schwanenburg freigibt. Unterhalb des Hügels bietet eine Bank Gelegen-

Info

Die Sage vom Schwanenritter

Der Schwan bestimmt das Klever Stadtbild, ebenso die Geschichte, auf der die Klever Grafen ihre Herkunft gründen und der sogar der Elsa-Brunnen gewidmet wurde. In der Klever Überlieferung werden nicht die von Wagner geprägten Namen Lohengrin und Elsa von Brabant verwendet, sondern es geht um die verzweifelte junge Beatrix, die ihr Erbe nur antreten konnte, wenn sie heiratete. Ihr Beten und Flehen wurde erhört, denn ein prachtvoller Edelmann auf einem kleinen Boot (Nachen), das von einem Schwan gezogen wurde, kam den Rhein (den heutigen Kermisdahl) hinab zu ihr. Der Schwanenritter Elias schenkte ihr seinen Schutz, großes Ansehen und drei Söhne, doch dies alles unter einer Bedingung: Niemals dürfe sie ihn nach seiner Herkunft fragen. Als die Kinder heranwuchsen, bedrängten sie ihre Mutter, und schließlich hielt auch sie es nicht mehr aus und befragte ihren Mann.
In diesem Moment zog ein Schwan über das Wasser zur Burg und brachte Elias für immer fort. Der große Kummer brach Beatrix das Herz, und sie verstarb noch im gleichen Jahr.

Skulptur am Elsabrunnen: Der Schwan entreißt Elsa (Beatrix) ihren Ritter

heit zum Verweilen. Durch ein schönes Waldstück gelangen wir entweder an der Oberkante des Hangs entlang auf die Nassauer Allee und von dort zum Moritzpark, oder wir folgen nach etwa 450 Metern der Treppe hinunter zurück auf den Prinz-Moritz-Weg. Auf einer kleinen Halbinsel – „enger Hals" genannt – bietet sich ein erhebender Blick über das Wasser hinweg zur Schwanenburg. Wer bisher noch nicht an die Sage des Schwanenritters gedacht hat, dem kommt sie spätestens hier in den Sinn. Über die Louisenbrücke kann man das andere Ufer erreichen. Von hier gelangt man in die Galleien und zur Birnenallee, die genau auf einer von Moritz von Nassau angelegten Sichtachse liegt. Der Weg setzt sich auf der linken Uferseite weiter fort, bis er unterhalb der Schwanenburg auf die Straßen Kleves trifft. Diese Passage ist besonders zur Kirschblüte ein Hochgenuss und in kraftvolles Rosa getaucht, das sich im Wasser spiegelt. An der Worcester-Brücke zeugen Liebesschlösser vom hoffentlich immer noch anhaltenden großen Glück. Über eine Treppe führt ein direkter Weg hinauf zur Schwanenburg, an der sich eine großartige Aussicht über die niederrheinische Weite bietet.

In der Nähe

Schwanenburg (www.klevischer-verein.de)
Sternbuschbad (www.sternbuschbad.de)
Kleve und Bedburg-Hau

Schönheit und Harmonie
Historische Gartenanlagen und Tiergartenwald

Romantische Anwandlungen sind in dieser Umgebung keine Seltenheit – nicht umsonst dienen die historischen Gartenanlagen in Kleve als Kulisse für unzählige Hochzeitsfotos.

Im 17. Jahrhundert ließ der brandenburgische Statthalter, Fürst Johann Moritz von Nassau-Siegen, durch Jakob van Campen in seiner Residenzstadt und um sie herum eine prachtvolle Parklandschaft mit 12 vom Sternberg aus verlaufenden Alleen und Sichtachsen anlegen. Herzstück waren die Klever Gartenanlagen im Stil eines Barockgartens am Springenberg.

Anreise Pkw/Parkplatz:
Gartenanlagen: Kreuzung Tiergartenstraße/Wasserburgallee
(2 Behindertenparkplätze, GPS 51° 47'41.59"N, 6° 7'45.25"E)
Tiergarten Kleve (GPS 51° 47'50.68"N, 6° 7'19.10"E)
Tiergartenwald: s. o. sowie Wanderparkplatz Hirschpfuhl
(GPS 51° 47'32.13"N, 6° 6'42.27"E)
Parkplatz an der Kriegsgräberstätte Donsbrüggen
(GPS 51° 47'32.00"N, 6° 5'26.65"E)

Anreise mit ÖPNV:
Linien SB58 und 59, Haltestelle „Kleve Museum Kurhaus"
Tiergartenwald zusätzlich Linie 55, Haltestelle „Kleve Haus Ida"

Standort:
Steinmännchen: 900 m nordöstlich des Wanderparkplatzes
Hirschpfuhl (GPS 51° 47'48.32"N, 6° 6'13.42"E)

www.kleve-tourismus.de

Auf mehreren Terrassen wurde am Hang ein Amphitheater errichtet, mit Laubengang, Teichanlagen, Mulden und Böschungen, Cerestempel und Statue der Pallas Athene.
Unterhalb der Anlage lenkt ein 600 Meter langer schnurgerader Kanal den Blick Richtung Hochelten, 1653–1794 unterstützt durch die Statue eines Eisernen Mannes. Seit 2004 finden wir an gleicher Stelle eine moderne Version dieser Figur. Die Anlage diente als Vorbild für Gartenkunst von internationalem Rang, beispielsweise die Schlossparks in Versailles oder Sanssouci.

Das Kurhaus

Bad Cleves Kurpark

Im angrenzenden Forstgarten befinden sich seltene Gehölze. Eine erste Pflanzung, von der noch einige Exemplare vorhanden sind, wurde Ende des 18. Jahrhunderts vorgenommen, nachdem am Springenberg eine Heilquelle entdeckt

Tipp

Lichterfest im Herbst

Am 2. Samstag im September findet zum Abschluss der Forstgartenkonzerte ein buntes Lichterfest mit musikalischem Programm und kunstvollen Illuminationen statt, als dessen Finale nach Einbruch der Dunkelheit ein mit Musik unterlegtes kombiniertes Barock- und Höhenfeuerwerk den Sommer ausklingen lässt. Ein Fest für alle Sinne!

worden war. Das Kurhaus, in dem sich heute ein Museum befindet, wurde errichtet und der Forstgarten als botanischer Garten zum Lustwandeln angelegt. Bad Cleve lud zum Erholen und Baden, zu Kahnpartien auf dem Kermisdahl und zu Kaffee und heißer Schokolade im kleinen Lusthaus, wie in Kurorten kleine Veranstaltungsgebäude genannt wurden, am Butterberg.

Zerstörung und Wiederaufbau

In den Wirren der Napoleonischen Kriege wurden Teile der Anlagen zerstört. Gartenarchitekt Maximilian Friedrich Weyhe schuf auf der Basis der vorhandenen barocken Anlage und des Forstgartens einen englischen Landschaftsgarten. Nach erneuter Zerstörung durch die beiden Weltkriege im 20. Jahrhundert und jahrzehntelange Vernachlässigung fand seit 1975 eine schrittweise Restaurierung statt. Mittlerweile ist die Anlage Bestandteil der „Straße der Gartenkunst" und wurde als Europäisches Gartendenkmal ausgezeichnet. Es ist eine Freude, sich dort aufzuhalten und sich an den vielen Details zu

Tipp

Mit dem Lama unterwegs

Am Rande des Tiergartenwalds wird ein besonders spannendes Erlebnis angeboten: Lamawandern! Mit diesen majestätischen Tieren am Strick lässt sich in kleinen Gruppen die nähere und weitere Umgebung erkunden – besondere Momente, neugierige Kontaktaufnahme und innige Begegnung inklusive. Ganz wichtig: Lamas mögen es nicht, wenn wir ihnen gleich zu nahekommen, und sie möchten auch nicht sofort am Kopf berührt werden. Über Striegeln und Pflegen wird ein Kontakt aufgebaut, der Strick wird in der Mitte und am Ende gefasst und noch etwas Distanz gehalten, und schließlich geht es über Stock und Stein und vielleicht auch durch dick und dünn! Und keine Sorge: So schnell spucken Lamas keine Menschen an!

Weitere Informationen unter:
www.lamatrip.de

erfreuen, die sich über die Jahrhunderte zu diesem Gesamtkunstwerk gefügt haben. Absolut lohnenswert ist auch der Aufstieg zum Kupfernen Knopf oberhalb des Amphitheaters mit einer atemberaubenden Sicht über die Parkanlagen bis zur Kirchturmspitze der romanischen Stiftskirche auf dem Eltenberg.

Im Tiergartenwald

Westlich und südlich der Gartenanlagen schließen sich der Tiergarten und der Tiergartenwald mit Sternberg und Butterberg an. Aufgrund der Lage am Rand der Strauchmoräne gibt es hier tatsächlich Schluchten sowie eine „Bärenhöhle“, eine Kastanienallee und auch eine Kriegsgräberstätte bei Donsbrüggen.

Die weithin bekannte Kastanienallee

Ein bezaubernder Ort:
die Steinmännchen-Lichtung

Ort der Kreativität und Meditation

Heimlicher Star des Tiergartenwaldes ist eine Lichtung, die mit Achtung und Vorsicht begangen werden sollte und die zum Verweilen und Meditieren oder auch einfach zum Staunen einlädt: Sie ist über und über von Steinmännchen bevölkert!
Ein buddhistischer Künstler hat über die Jahre auf der Lichtung eine verzauberte Welt aus Steinmännchen geschaffen, die Geschichten erzählen, sich an Bäumen hinaufhangeln, sich in Pfützen spiegeln und uns zum Betrachten und Nachdenken anregen. Manche Menschen pilgern täglich hierher, unter anderem der Erbauer, der die Anlage pflegt. Am Rand lädt ein Extra-Bereich zum Ausleben der eigenen Kreativität ein. Ein zauberhafter Kraftort, mit dem behutsam umgegangen werden muss. Ich teile dieses Wissen gern – mit der Bitte um Achtsamkeit, um diesen Ort zu erhalten und keine Schäden durch Unachtsamkeit anzurichten.

In der Nähe

Tiergarten Kleve (www.tiergarten-kleve.de)
Clever Escape (www.clever-escape.de)
Grenzland-Draisine (www.grenzland-draisine.eu)
Klever Innenstadt
Museum Kurhaus Kleve (www.museumkurhaus.de)
B.C. Koekkoek Haus (www.koekkoek-haus.de)
Geologisches Museum im Schwanenturm (www.klevischer-verein.de)
Museum Forum Arenacum Rindern (www.forum-arenacum.de)
Alte Mühle Donsbrüggen (www.muehle-donsbrueggen.de)
Alte Schmiede Heister Donsbrüggen (www.metalldesign-heister.de)
Privates Bauernmuseum Langeshof (langeshof@freenet.de)
Klever Schuhmuseum (www.klever-schuhmuseum.de)
Wildgehege Reichswalde (www.wildgehege-reichswalde.de)

Von Höhenzügen
und Himmelsleitern
Unterwegs im Reichswald

Was mich am Reichswald am stärksten beeindruckt? Die Wildschweinspuren, die sich fast überall deutlich am Boden erkennen lassen. Und seine schiere Unendlichkeit, wenn man versucht, ihn zu Fuß, zu Pferd oder auf dem Rad zu durchstreifen.

Mit beeindruckenden 5100 Hektar Fläche gilt der Reichswald als größter zusammenhängender öffentlicher Staatsforst in NRW. Das ausgedehnteste Waldgebiet des Niederrheins ist er damit sowieso – und dafür braucht man keine Statistiken, das spürt man, wenn man dort ist. Er liegt auf dem Niederrheinischen Höhenzug, und allein im Areal des Reichswalds gibt es 31 Hügel von mehr als 50 Metern Höhe; der Ruppenberg ist stolze 95 Meter hoch.

Anreise Pkw/Parkplatz:
Sieben Quellen: Parkplatz an der Nimweger Straße/Römerstraße, Höhe Nütterden Schaafsweg (GPS 51°47‘12.30“N, 6° 4‘43.86“E)
Britischer Ehrenfriedhof: Kleve, Grunewaldstraße zwischen Reichswalde und Grunewald (GPS 51°44‘27.37“N, 6° 4‘54.74“E)
Wanderparkplätze (Auswahl):
Kleve, Treppkesweg (GPS 51°46‘29.87“N, 6° 5‘34.04“E)
Kranenburg, Ende Galgensteeg (GPS 51°46‘25.92“N, 6° 0‘39.90“E)
Kranenburg, Kartenspielerweg
(Nähe B504, GPS 51°43‘53.79“N, 6° 2‘4.15“E)

Anreise mit ÖPNV:
Linie 55, Haltestelle „Kranenburg Pastor-Siebers-Straße“ oder „Kranenburg Schwarzer Weg“, Linie 57, Haltestelle „Kleve van Bebber“, Linien SL11 und SL18, Haltestellen „Goch Sternberg“ oder „Goch Burfkamp“, Linie SL15, Haltestelle „Goch Asperberg“

Im Reichswald unterwegs zu sein, bedeutet ein ständiges Auf und Ab, und wer schon einmal die Himmelsleiter auf dem Weg zum Feuerwachtturm erklommen hat, weiß, warum es mit den „Bergfreunden Kleverland" hier sogar eine Sektion des Deutschen Alpenvereins gibt. Für die Niederrheiner sind ihre „Berge" allemal hoch und vor allem steil genug!

Zeugnisse der Vergangenheit

Eine Wanderkarte im Maßstab 1:25.000 gibt einen guten Überblick (siehe auch Tipp auf Seite 32). Besonders interessant: Hier sind auch Natur- und Bodendenkmäler eingezeichnet: Hügelgräber, die „vierstämmige Buche", das „Goldene Kalb" – besonders die Gegend um Grafwegen hat viel zu bieten. Da dies zum Ende des Zweiten Weltkrieges ein hart umkämpftes Gebiet war, finden sich überall im Wald Gräben, Bombenlöcher und andere Relikte dieser Zeit. Beeindruckendes Zeugnis der unrühmlichen Schlachten: der Britische Ehrenfriedhof an der Grunewaldstraße – mit 7654 Grabstätten der größte Kriegsgräberfriedhof des Commonwealth in Deutschland.

Imposante Wurzeln und Quellorte an den Sieben Quellen

Tipp

Walderlebnispfad „Sieben Quellen“

Höhepunkt jeder Wanderung durch den Reichswald – nicht nur für Familien – ist der Walderlebnispfad an den „Sieben Quellen“. 14 Stationen bieten reichlich Abwechslung und Naturerlebnis für jede Altersklasse. Hier kann man die Spannweite seiner Arme mit der verschiedener Greifvögel vergleichen, sich im Weitsprung mit großen und kleinen Tieren messen und barfuß verschiedene Untergründe erfahren. Klanghölzer, ein Baumtelefon, ein Bienenhotel, ein Dschungelpfad und natürlich das Wasser, die eindrucksvollen Baumwurzeln und das umliegende Gelände mit Pfaden und Brücken lassen Abenteurer-Herzen höher schlagen. Ein Schaumeiler verdeutlicht die Kohleherstellung mit Holz, uralte Tradition im Reichswald. Sehr eindrucksvoll: An einer über 200 Jahre alten Baumscheibe, die auch einen Granatsplitter in sich trägt, sind historische Ereignisse den passenden Jahresringen zugeordnet. Ein Picknickplatz lädt zum Ausruhen und Schlemmen ein; eine ideale Voraussetzung für einen schönen Ausflug mit der ganzen Familie.

Tipp

Wanderkarte

Eine zweisprachige „Wanderkarte Reichswald" im Maßstab 1:25 000 mit vielen Informationen wurde von den Kommunen Bedburg-Hau, Goch, Kleve, Kranenburg, Berg en Dal und Gennep in Zusammenarbeit mit der NABU Naturschutzstation herausgegeben. Erhältlich ist sie für 5,95 € in den Touristik-Informationen der Gemeinden sowie im örtlichen Buchhandel und unter: tourismus@wtm-kleve.de

Zu allen Seiten bieten sich am Waldrand oder von den „Bergen" grandiose Ausblicke, zum Beispiel auf die Weinfelder in Groesbeek sowie auf Kranenburg, Schottheide und Frasselt. Der Name Reichswald existiert seit dem 14. Jahrhundert. Die alte, keltische Bezeichnung, die „großer Wald" bedeutet, ist noch heute in bestimmten Teilen des Gebiets gebräuchlich: Ketil- oder Ketelwald. Vor 2000 Jahren sammelten sich hier die Bataver zum Aufstand gegen die Römer. Unser heutiger Reichswald galt ihnen als heilig. Zur Merowingerzeit nutzten Kaiser und Könige dieses Gebiet bevorzugt zur Jagd – kein Wunder, finden sich hier doch neben Schwarz-, Rot- und Rehwild auch Fuchs, Dachs und Baummarder sowie Kreuzotter, Schlingnatter und Blindschleiche. Aus der Luft halten Mäusebussard, Habicht, Wespenbussard, Sperber, Baumfalke und Waldkauz das Gebiet in Ordnung, in dem auch Schwarzspechte, Dohlen, Hohltauben, Neuntöter, Ziegenmelker und Rotrückenwürger ein Zuhause gefunden haben.

Die Kriegsgräberstätte im Reichswald

Raum zum Erleben und Erkunden

Viele Klever und Niederrheiner können nachvollziehen, was Völker und Herrscher in den Reichswald zog – haben sie doch schon in ihrer Kindheit den riesigen Forst mit den kleinen Spielgelegenheiten am Wegrand geschätzt, wenn es zum Sonntagsspaziergang durch den Wald ging. Auch heute noch verstecken sich Besonderheiten in diesem großen Gebiet – beispielsweise eine kleine Lok auf einer Wegkreuzung in der Nähe von Grafwegen. Absoluter Höhepunkt seit ewigen Zeiten sind die „Sieben Quellen" mit ihren Quellseen, Brücken und freigelegten Baumwurzeln.

Von Schmugglern und Räubern

Und man muss kein Geschichtsfanatiker sein, um Freude zu haben an den Räuber- und Schmugglergeschichten, die sich um den Reichswald ranken. So findet sich am Treppkesweg zwischen Materborn und dem Wolfsberg eine Gedenktafel für einen Bauern, der auf dem Markt eine Kuh verkauft hatte und an dieser Stelle im Wald von Räubern erschlagen und beraubt wurde. Ganz in der Nähe wurde 1924 auch der einarmige Schmuggler Pit Brinckhoff erschlagen, dem die Familie wegen seines Handicaps immer einen Rucksack mit der Schmugglerware auf den Rücken schnallte. Von einem anscheinend herrenlosen Hund wird berichtet, der eine Damenstrumpfhose um den Hals trug, in dem sich vortrefflich Tabakpäckchen transportieren ließen. Der Geschichten gibt es viele …

In der Nähe

Naturschutzgebiet Düffelt
Kranenburg mit historischer Stadtmauer, Rütterswall, Wanderstraße, St. Peter und Paul, Museum Katharinenhof, Mühlenturm und Stadtscheune (www.kranenburg.de)

Magische Höhen
und dunkle Tiefen
Duivelsberg
und Heksendans

Jenseits von Wyler, hinter der Grenze, erhebt sich bis Nijmegen ein idyllisches Hügelland, das (wie sein deutsches Pendant in Bedburg-Hau) den klangvollen Namen „Berg en Dal“ trägt. Doch damit nicht genug: Hier gibt es noch viel spannendere Namen!

So erreichen wir etwa zwei Kilometer nach dem Grenzübergang den „Duivelsberg“ und den „Heksendans“ – wobei das Wort „Duivel“ sich möglicherweise nicht auf den Teufel, sondern auf die Düffelt bezieht. Aufregend klingt es auf jeden Fall.

Anreise Pkw/Parkplatz:

Wanderparkplatz an der Oude Kleefsebahn, 6571 BE Berg en Dal (NL) (GPS 51°48‘52.75“N, 5°56‘27.29“E)
am Pfannkuchenhaus, Duivelsberg 1, 6572 BE Berg en Dal (NL) (GPS 51°49‘10.00“N, 5°56‘36.61“E)

Anreise mit ÖPNV:

Linien 57, 58, Haltestelle „Beek Ubbergen, Wyler Bad“ (ca. 600 m Wanderweg mit Steigung)
Linien 8, 76, 562, Haltestelle „Berg en Dal, Groot Berg en Dal“ (ca. 2 km)

Auf der Motte Mergelp

Burghügel mit Aussicht

Auf dem Berg mit dem ungewöhnlichen Namen befinden sich eine alte Burgmotte sowie ein Pfannkuchenhaus mit einer abwechslungsreichen Speisekarte und vielen Spielmöglichkeiten für Kinder. Bei der Burgmotte handelt es sich um zwei Erdhügel, auf denen sich vor 1000 Jahren die Burganlage Mergelp ausdehnte, mit hölzernen Wällen, Türmen, Vorburg und Gräben. Heute sind es nur noch bewachsene Erhebungen. Wege und Stufen führen hinauf, und auf den Plateaus laden Bänke zum Verweilen ein. Der kleinere Hügel steht an der oberen Kante des Duivelsbergs (der auch Wylerberg ge-

Tipp

Wanderungen

Andere Wanderwege wie die rote Route laden zum weiteren Erkunden der Umgebung ein. Eine Übersichtskarte gibt es im Pfannkuchenhaus.

nannt wird) und bietet eine Aussicht über das Wylermeer und die Niederung der Düffelt bis hin nach Hochelten, das strategisch mit diesem Ort verbunden war. Heute befindet sich hier oben ein Fernrohr, das kostenlos genutzt werden kann. Der strategische Vorteil dieser Lage liegt auf der Hand, bot sie doch eine perfekte Weitsicht und war gleichzeitig auf dieser Seite vor Angreifern geschützt.

Info

Burg Mergelp wurde um das Jahr 1012 n. Chr. von Balderich von Drenthe und Adela von Hamaland erbaut. Dem Paar werden Stolz, Ehrgeiz, Rachsucht und Habgier nachgesagt, die so weit gingen, dass es sowohl den Grafen Wichmann (Balderichs Widersacher), Adelas Schwester, die Äbtissin im Stift Hochelten war, als auch den eigenen Sohn umgebracht haben soll. Die offenbar blutrünstige Geschichte lässt sich auf mehreren Schautafeln nachlesen (allerdings auf Niederländisch). Standort Burgmotte Mergelp: GPS 51° 49‘14.13“N, 5° 56‘37.00“E

In der Nähe

Naturschutzgebiet Düffelt
(www.kranenburg.de)
Amusementspark Tivoli
(www.parktivoli.nl)
Speeltuin De Leemkuil
(www.deleemkuil.nl)
Museumpark Orientalis
(www.museumparkorientalis.nl)
Afrikamuseum
(www.afrikamuseum.nl)

Afrikamuseum

Wo die Hexen tanzen

Folgt man vom Pfannkuchenhaus aus der gelben Route nach links, so gelangt man nach etwa 800 Metern an einen Tümpel, der „Heksendans" genannt wird. Warum, liegt sofort auf der Hand: Das Wasser ist schwarz, von einem leuchtend grünen Ufer umrandet! Die umstehenden Bäume sind tot. Man braucht nicht viel Fantasie, um die Magie des Ortes und dessen unglaubliche Faszination zu spüren.

Die gelbe Route, ein zwei Kilometer langer Rundweg, führt uns sowohl zurück zum Pfannkuchenhaus als auch zum Wanderparkplatz an der „Oude Kleefse Baan".

Gastronomie

Pannenkoekenrestaurant De Duivelsberg,
Duivelsberg 1, NL-6572 Berg en Dal, www.duivelsberg.nl

1001 Möglichkeiten
Unterwegs an der Niers

Mit einer Länge von 113,1 Kilometern überwindet die Niers eine für einen Fluss eher überschaubare Distanz – erlebt auf dieser Strecke aber die unglaublichsten Abenteuer: Sie benutzt ein fremdes Bett (vom Rhein gegraben), hat einen eigenen Kanal und Altniersarme, wird regelmäßig Zeuge von Trabrennen, Theatervorführungen und Mittelalterfesten, überwindet mehrere Wehre, wird selbst neben zahlreichen Brücken von zwei Gierseilfähren und einer Erlebnisbrücke mit oben verlaufendem Seilzug überwunden und fließt durch zwei Länder sowie an einem Leuchtturm, einem Tiergarten, einer Kriegsgräberstätte und etwa 30 Burgen, Schlössern und Herrenhäusern vorbei.

Dabei liegt der Höhenunterschied von der Quelle bis zur Mündung insgesamt nur bei 70 Metern. Wir können die Niers mit Paddelbooten, Kanus, Kajaks und Flößen befahren oder mit Eseln an ihrem Ufer entlangwandern. Oder entlang pilgern, denn auch der Jakobsweg folgt stellenweise ihrem Verlauf. Über die gesamte Länge wird sie vom Niers-Radwanderweg begleitet.

Anreise Pkw/Parkplatz:
Neben etlichen weiteren Parkmöglichkeiten entlang der Niers gibt es viele Wanderparkplätze, die gleichzeitig Anlegestellen fürs Nierspaddeln sind.

Standort:
Ursprüngliche Niersquelle: Ortsgrenze Erkelenz-Kuckum/Unterwestrich, am Kuckumer Quellenweg, 41812 Erkelenz (GPS 51° 4'51.63"N, 6°23'33.63"E)

Eine Niersquelle wurde auf den nahegelegenen Golfplatz verlegt.

Start mit „Handicap“

Am ungewöhnlichsten ist jedoch ihre Quelle: Der ursprüngliche Quellbereich liegt in Kuckum. Diese Quellen sind jedoch Ende der 1960er Jahre aufgrund der Grundwasserabsenkung durch den Braunkohletagebau Garzweiler II versiegt und werden lediglich künstlich durch den Graben des Zourshofes gespeist. Eine ihrer Quellen wurde 2006 auf einen Golfplatz verlegt: Auf der Mönchengladbacher Golfsportanlage am Rittergut Wildenrath tritt zwischen den Bahnen 12 und 17 umgeleitetes Sümpfungswasser aus dem Tagebau als „Neue Niers“ zutage und wird zwischen den Fairways 18 und 1 hindurch in das alte Niersbett geleitet. Wenn das keine ungewöhnliche Geburt ist!

Die ursprüngliche Quelle selbst liegt im geplanten Abbaugebiet und wird völlig verschwinden. Etwa ab 2080 wird die Quelle in einem Tagebau-Restsee südwestlich von Wanlo liegen und daraus abfließen.

Tipp

Alpaka-Wanderungen

Speziell Alpakas scheint die Niers magisch anzuziehen: Es gibt direkt zwei Möglichkeiten (einmal in Willich, 2 Kilometer von der Erlebnisbrücke entfernt, und in Goch-Hassum, etwa 3,5 Kilometer südöstlich der Niers), mit Alpakas zu kuscheln oder mit ihnen zu wandern.

Weitere Informationen unter: www.alpakas-am-floethbach.de oder www.kunterbuntealpakawelt.de

Eine Perle der Renaissance: Schloss Rheydt

Parks und Schlösser

Nachdem die Niers dann endlich da ist und durch das Urstromtal fließt, aus dem der Rhein bei der vorletzten Eiszeit durch die vordringenden Gletscher Richtung Osten vertrieben wurde, geht es abenteuerlich weiter. Allein in Mönchengladbach durchfließt sie vier Parks, beginnend mit der Gartenanlage des barocken Schloss Wickrath, in der die Wasserflächen als Symbol der Macht des Reichsgrafen Otto von Quadt in Form einer Krone angelegt wurden. Im Norden trifft sie auf den Schlosspark Rheydt. Auch hier lohnt sich das Verweilen: Die Gebäude sind ein Musterbeispiel für den Stil der italienischen Renaissance, die Kasematten befriedigen zugleich Abenteuerlust und Neugier, und im Park tummeln sich unzählige Pfauen und eine reiche Vogelwelt.

Info

Paddeln auf der Niers

Beliebter Freizeitsport für die ganze Familie und auch ohne Vorkenntnisse ist das Paddeln auf der Niers. Überall entlang des Flusses kann man bei verschiedenen Anbietern Kanus leihen:

BAKO-SPECIAL-TOURS (www.bakotours.de)
Freizeitexperten (www.freizeitexperten.de)
Freizeit Schwarz (www.freizeit-schwarz.com)
Freizeitteam Niers (www.freizeitteam-niers.de)
Gecco Tours (www.geccotours.com)
Gocher Nierstouren (www.gocher-nierstouren.de)
Hammans Freizeit (www.hammans-freizeit.de)
HotzSpots (www.hotzspots.de)
Sport-Spiel-Spaß Agentur (www.niers-spass.de)

Mit der Gondel ans andere Ufer

Gut einen Kilometer, nachdem die Niers die Trabrennbahn Mönchengladbach passiert hat, treffen wir auf die Erlebnisbrücke Nordkanal, die etwa dort liegt, wo der Nordkanal in die Niers münden sollte. Die Wasserstraße zwischen dem Seehafen Antwerpen, Maas und Rhein wurde ursprünglich von Napoleon geplant und niemals fertiggestellt. Unweit des heutigen Autobahnkreuzes Neersen verbindet seit der Euroga 2002/2003 eine Miniatur-Schwebefähre über die Niers die Ortsteile Willich-Cloerbruch auf der rechten und Mönchengladbach-Donk auf der linken Niersseite. In einer Gondel von 2,50 Meter x 1,50 Meter Grundfläche können (Rad-)Wanderer den Fluss schwebend mit eigener Muskelkraft überwinden. Die „Brücke" hat eine Länge von 24,3 Metern, die Pylonen sind 6,3 Meter hoch.

Paddeln im Auenland

Zu den zahlreichen Schlössern am Wegrand gehört auch das Schloss Neersen, das als Rathaus dient und dessen Parkanlagen zahlreiche Angebote für Anwohner und Besucher bereithalten. Im Sommer finden hier die überregional bekannten Schlossfestspiele unter freiem Himmel statt. Der Mittellauf der Niers ist geprägt durch historische Wassermühlen, Herrenhäuser und Burgruinen (zum Beispiel in Grefrath-Oedt und Wachtendonk), offene Kulturlandschaft, Auen- und Bruchlandschaften und den einsetzenden Verkehr durch Freizeitpaddler, die sie mit Kajaks, Kanus, Schlauchbooten und anderen motorfreien Booten befahren. Bei einer Fließgeschwindigkeit von 2 Kilometern pro Stunde ist hier Paddeln angesagt. Bei Wachtendonk warten neben der frei zugänglichen Burgruine zwei weitere Attraktionen auf Besucher: die Gierseilfähre AiWa („Anlage im Wasser" – auch hier kann mit Muskelkraft die andere Seite erreicht werden) und ein Leuchtturm am Holleshof, der zudem mit seinem Maislabyrinth ein wunderbares Familienziel abgibt. Gerade hier im Mittel- und Unterlauf ist die Niers mit den sie umstehenden Bäumen und den Gräsern am Ufer ein Traum! Im Morgendunst mit Nebelschwaden ebenso wie dann, wenn sie glänzend die Sonne in unsere Gesichter reflektiert und dabei friedlich weiterzieht.

Am Holleshof in Wachtendonk

Info

FossaRoute und Fossa Eugeniana

Von Venlo bis Rheinberg führt die FossaRoute, eine grenzüberschreitende, etwa 60 Kilometer lange Wander- und Radwanderroute entlang der Fossa Eugeniana. Der nach seiner Erbauerin benannte Kanal wurde 1626 von der spanischen Regentin Isabella Clara Eugenia in Auftrag gegeben und sollte durch die Verbindung von Maas und Rhein den Spaniern im Spanisch-Niederländischen Krieg einen von den Niederländern unabhängigen Handel ermöglichen. Zugleich diente die Fossa Eugeniana als Verteidigungswall gegen die Niederländer – wurde aber aus finanziellen und logistischen Gründen nie fertiggestellt. Teile der Fossa Eugeniana und der historischen Erdschanzen sind noch heute gut erkennbar.

Historische Routen und tierische Erlebnisse

Weg zur Niers am Gocher Berg

In Geldern zweigt der Nierskanal zur Maas ab, der die Untere Niers unter anderem bei Hochwasser entlastet. Er nutzt teilweise das Bett der Fossa Eugeniana aus dem 17. Jahrhundert, die wie der Nordkanal Rhein und Maas verbinden sollte. Ein Abstecher die FossaRoute entlang lohnt sich. Zwischen Kamp-Lintfort und Geldern sind noch einige Reste alter Schanzen und Verteidigungsanlagen zu erkennen.

Bei Weeze wird sie von einem Altniersarm begleitet und durchfließt einen frei zugänglichen Tierpark, an den sich ein Naturerlebnispfad und ein Spielplatz anschließen. Hier leben etwa 300 Tiere aus über 50 verschiedenen Arten, vorwiegend alte und bedrohte Nutztierrassen sowie heimische Wildtiere, Lamas, Alpakas, Ponys, Esel, Zwergziegen, Vögel, Bartagamen und verschiedene Insekten.

Die Schlacht um das Kloster Graefenthal

Während die Niers in Kalbeck bei „Jan an de Fähr“ erneut mit einer Gierseilfähre überwunden werden kann, liegen sich bei Goch-Kessel zwei sehr besondere Erlebnisorte fast gegenüber. Das idyllisch gelegene ehemalige Zisterzienserkloster Graefenthal sorgt als Veranstaltungsort mit einem Café und regelmäßigen Mittelalterfesten für historisches Flair. Regelmäßig findet hier die Schlacht um das Kloster Graefenthal statt, umgeben von einem historischen Heerlager, teilweise mit Reiterspielen, Bogenschießen, Spielleuten und Markt. Wenn Kanonendonner das Trommelfell erschüttert, den Boden beben lässt, der Geruch von Schwarzpulver uns in die Nase dringt und die gewandeten Krieger mit Gebrüll aufeinander losgehen,

Hart umkämpft: Kloster Graefenthal

Tipp

In Weeze bieten zwei unmittelbar an der Niers gelegene Schlösser stimmungsvolle Trauungen, Feiern und Übernachtungen an:

Hotel Schloss Hertefeld, Hertefeld 1-6, 47652 Weeze, Tel. 02837/2035, www.hertefeld.com

Schloss Wissen Hotellerie, Schlossallee 26, 47652 Weeze, Tel. 02837/9131-21, www.schloss-wissen.de

kommt garantiert keine Langeweile auf. Übrigens auch nicht im Anschluss, wenn alle anwesenden Kinder auf die Ritter losgelassen werden.

Im „Eseltempo" unterwegs

Etwa zwei Kilometer flussabwärts auf der rechten Niersseite finden wir beim Eselbauern ein ganz anderes, tierisches Erlebnis. Wandern mit Eseln bietet Entschleunigung pur und die volle Konzentration auf die anvertrauten Tiere. Der Esel trägt dabei maximal das Gepäck und begleitet uns auf unserem Weg. Nach dem gemeinsamen Putzen und einer Einweisung geht es los. Wichtig ist es, vom Esel als Leittier akzeptiert zu werden, also als derjenige, der das Sagen hat. Ist dies geschafft, beginnt die Entspannung. Ohne festen Zeitplan im „Eseltempo" unterwegs in der Natur – das klingt nicht nur

Im Eseltempo unterwegs

luxuriös, sondern fühlt sich auch so an. Begegnungen mit allen Arten von Menschen und Tieren sind vorprogrammiert. Die Esel bleiben dabei ganz ruhig. Andere Tiere, die wir auf unserer Wanderung treffen, kann so ein ungewöhnliches Erlebnis schon einmal aus der Fassung bringen, die Menschen sind neugierig, offen und fasziniert. Mit Eseln laufen, sie streicheln, ihnen beim Grasen zusehen, freundlichen Menschen begegnen, und dies alles in der Natur: das Glück hat in diesem Fall vier Beine und zwei lange Ohren. Da will man den Gefährten gar nicht mehr abgeben! Eine solche Tour kann beliebig ausgedehnt und mit anderen Erlebnissen (Kanu fahren, Frühstücken, Pilgern auf dem Jakobsweg) kombiniert werden.

Letzte Kilometer durch die Niederlande

Von Kessel und seinen Eseln sind es nur noch vier Kilometer bis zur Grenze. Doch es gibt immer noch ein Kuriosum, an dem die Niers vorbeifließt: die Viller Mühle, eine stillgelegte Öl- und Getreidemühle, Heimat des „wahnsinnigen Puppenspielers", Veranstaltungsort und Museum für alte und spannende Dinge.
Kurz darauf erreichen wir die niederländische Grenze, deren Verlauf die Niers noch längere Zeit bildet, bevor sie ihre abenteuerliche Reise beendet, indem sie bei Ottersum in die Maas mündet.

In der Nähe

www.wickrather-schloss.de
www.schlossrheydt.de
www.festspiele-neersen.de
www.holleshof.de
www.tierparkweeze.de
www.kloster-graefenthal.de
www.dereselbauer.de
www.viller-muehle.de

Schloss Wickrath

Ein Traum aus Sand und Heide

Nationalpark De Maasduinen

Der niederländische Nationalpark De Maasduinen, der teilweise unmittelbar hinter der deutschen Grenze beginnt, hat eine Fläche von etwa 45 Quadratkilometern, wobei das Gebiet 23 Kilometer lang ist und in der Breite zwischen wenigen hundert Metern und vier Kilometern variiert. Es handelt sich um Flussdünen auf der rechten Seite der Maas, eine hügelige Landschaft aus Sand, Moorflächen, Heide und Kiefernwald. Teile des Gebietes werden von Konik-Pferden, Galloway-Rindern, Schafen und Ziegen beweidet.

Anreise Pkw/Parkplatz:

Reindersmeer: Bezoekerscentrum De Maasduinen/
Bosbrasserie in de Sluis, Bosserheide 3e, NL-5855 EA, Well
(GPS 51°34'30.17"N, 6° 5'12.24"E)
Eendenmeer: Anfahrt über Ceresweg
(GPS 51°36'32.71"N, 6° 4'16.73"E)
Aussichtsturm (Uitkijktoren) Afferden: Parkeerplats Bosweg, Afferden (GPS 51°38'26.30"N, 6° 1'38.46"E)
Maasduinen bei Walbeck: Am Waldfreibad Walbeck,
Am Freibad 24, 47608 Geldern (GPS 51°29'43.75"N, 6°13'36.54"E, 900 m Fußweg Richtung Westen bis zu den Maasduinen)

Anreise mit ÖPNV:

Reindersmeer: Buslinie 83, Haltestelle „Halve Maan"
(1,3 km Fußweg)
Afferden: Buslinie 83, Haltestelle „Afferden Veer naar Sambeck"
oder Buslinie 85, Haltestelle „Afferden Langstraat"
Walbeck: Buslinien SL8 und 35,
Haltestelle „Waldfreibad Geldern-Walbeck"

www.bosbrasserieindesluis.nl
www.np-demaasduinen.nl
www.limburgs-landschap.nl

Der größte See des Naturschutzgebietes, das Reindersmeer, entstand durch Auskiesung. Hier befindet sich das Nationalparkzentrum, das äußerst kurzweilig über die Tier- und Pflanzenwelt der Maasduinen informiert. Gleich nebenan befindet sich ein riesiger, liebevoll naturnah gestalteter Waldspielplatz. Ein barrierefreier Rundweg von etwa acht Kilometern Länge führt um den See, unterhaltsam ergänzt durch etliche Spielgelegenheiten für Kinder und herausfordernde Stationen eines Multi-Geocaches. Ein Teil der Strecke kann über eine Gierseilfähre, die die enorme Strecke von 120 Metern überwindet, abgekürzt werden.

Zauberhafter Rundkurs

Weiter nördlich befindet sich das Eendenmeer, ebenfalls begleitet von einem Spielplatz. Die gut 2 Kilometer lange barrierefreie Strecke über die Dünen rund um den Moorsee (und über einen Blockbohlenweg auch über einen Seitenarm des Gewässers) bietet Raum für abenteuerliche Abstecher und führt durch eine vielfältige Landschaft.

Tipp

Nationalparkzentrum

Schauen Sie sich ausgiebig im Nationalparkzentrum am Reindersmeer um und genießen Sie die bunte Vielfalt der vermittelten Informationen. Selbst die Toilette ist es wert, besichtigt zu werden! Denn auch hier wird thematisch passend Wissen vermittelt: Fragen, die man sich vorher gar nicht stellte, deren Antworten aber brennend interessieren, sobald die Sache einmal im Raum steht. Auch einige Tische im Café sind mit Ausstellungsstücken unter Glasplatten versehen, und die Wände der benachbarten Schleuse vermitteln ebenfalls Daten und Fakten zur Entstehung des Reindersmeers.

Heideblüte am Eendenmeer

Abwechslungsreiche Aussichten

Das nördlichste Stück Maasduinen bei Afferden lockt mit einem Aussichtsturm (niederländisch: Uitkijktoren), der die Form einer Pyramide besitzt. Hoch über den Dünen schweift der Blick über Heidelandschaften und Wälder bis hin zu den Kirchtürmen der umgebenden Ortschaften. Die Basis liegt auf der höchsten Parabeldüne 33 Meter über NN, der Turm selbst ist 12,5 Meter hoch, wobei die Aussichtsplattform sich in 8 Metern Höhe über dem Erdboden befindet. Unweit dieser Stelle weidet eine Herde Gallowayrinder an einem See – ein malerischer Anblick!

Tipp

Tipidorf Walbeck

Gleich neben dem Schloss Walbeck finden wir das Tipidorf mit mehreren Tipis unterschiedlicher Größe, in denen Einzelpersonen und Gruppen „wie ein Indianer" übernachten können. Zudem gibt es einen Waldspielplatz, den Imbiss „Onkel Tom's Hütte" sowie Angebote für Gruppen und Teamevents (Bogenschießen, Axtwerfen, Armbrust-Schießen, Blasrohr-Schießen, Indianerdreikampf, Teamparcour, Paddeln auf der Niers, Floßbau, Teamolympiade, Grillen/Outdoorcooking, Planwagentouren, Flair-Mobile, Fahrradverleih, Teambuilding und Kindergeburtstage).

Tipidorf Walbeck,
Am Schloss Walbeck 31,
47608 Geldern-Walbeck.
Tel. 02831/1327743,
www.schloss-walbeck.de,
www.tipidorf-walbeck.de

Der Aussichtsturm (Uitkijktoren) bei Afferden

Wildlebende Pferde

Überaus reizvoll ist auch der südlichste Teil der Maasduinen, „De Hamert“ zwischen Wellerloi und Arcen bis hinüber auf die deutsche Seite nach Geldern-Walbeck. Der südöstlichste Zipfel des Naturschutzgebiets ist vom Waldfreibad oder vom Schloss Walbeck aus schnell erreicht. Hier sind Kuckucksrufe, das Quaken der Frösche und verschiedenste Libellen unsere Begleiter rund ums Wasser. Begegnungen mit den wild lebenden Konik-Pferden und einer Herde Ziegen sind besonders an dem „Plateau“ in der Nähe des Eingangs „Dorperheideweg“/„Grensweg“ keine Seltenheit!
Wer die Maasduinen ausführlich erkunden möchte, hat einige Tage zu tun! Und es lohnt sich – ganz besonders von Ende Juli bis Anfang September, wenn die Heide blüht und den Nationalpark in ein Meer aus Farben taucht!

In der Nähe

Waldfreibad Walbeck (www.waldfreibad-walbeck.de)
Zoo Parc Overloon (www.zooparc.nl)
Indoorspielplatz Ballorig Nieuw-Bergen (www.ballorig.de)
Kasteel Arcen mit Kasteeltuinen (www.kasteeltuinen.nl)
Thermalbad Arcen
Kasteel Bleijenbeek, Afferden (www.kasteelbleijenbeek.nl)
Leukermeer

Kasteeltuinen Arcen

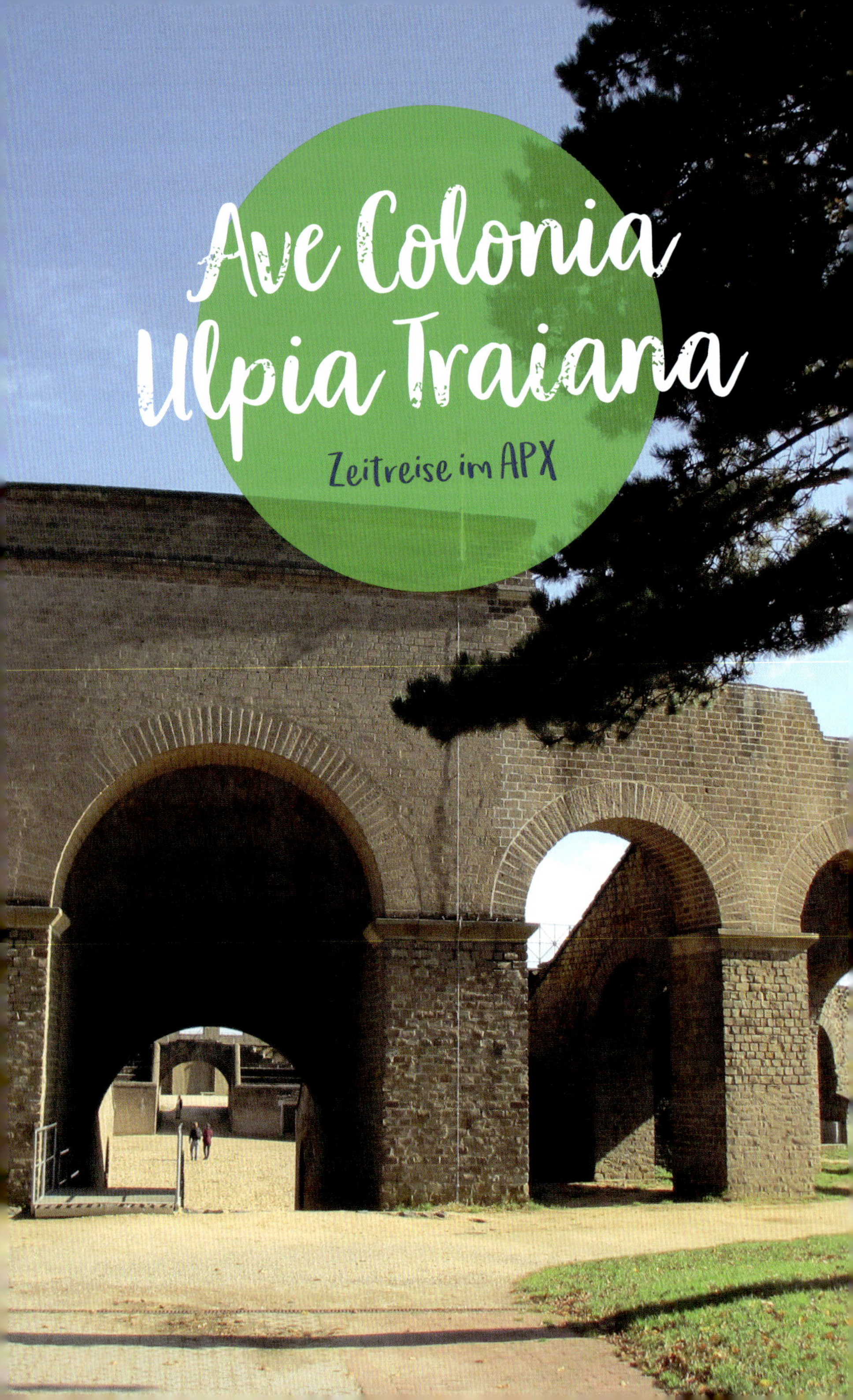
Ave Colonia
Ulpia Traiana
Zeitreise im APX

Unter den Arkaden, die das Amphitheater tragen, bringt jeder Windhauch Geschichte mit sich. Raubtiere, Gladiatoren, Kämpfer und Krieger liefen hier entlang, genau hier, auf diesem Boden und unter diesem Gewölbe, auch wenn es teilweise rekonstruiert ist. Doch es sind noch genügend originale Steine da. Hier, wo der Weg in die offene Arena führt ...

Das Geschrei der Menge, das Gebrüll der Bären, alles hallt wider in diesen Gängen, auf diesen Rängen, und der Sand scheint sich mit dem Blut der Unterlegenen zu tränken.

Anreise Pkw/Parkplatz:
an allen Eingängen des APX, 46509 Xanten
Eingang Hafentempel: Am Rheintor
(GPS 51°40‘9.67“N, 6°26‘53.71“E)
Eingang Stadtzentrum: Am Amphitheater
(GPS 51°39‘57.52“N, 6°27‘3.62“E)
Eingang LVR-RömerMuseum: Siegfriedstraße 39
(GPS 51°39‘53.70“N, 6°26‘19.00“E)

Anreise ÖPNV:
RB31 bis Xanten Bahnhof, Buslinie SL42,
Haltestelle „Hafen Xanten“

www.apx.lvr.de

Schon in der Stille und Abgeschiedenheit eines regulären Besuchs im Archäologischen Park Xanten an einem Wochentag wird das Vergangene deutlich spürbar, im bunten Geschehen des alle zwei Jahre stattfindenden monumentalen Festes „Schwerter, Brot und Spiele" erleben wir eine derart unmittelbare Zeitreise, dass einmal „Infizierte" diese Veranstaltung wieder und wieder besuchen, wann immer sich die Gelegenheit bietet, wie auch die weiteren Festlichkeiten, die uns tief und unterhaltsam in das antike Leben eintauchen lassen.

Seit 2021 ist der Archäologische Park Bestandteil des Weltkulturerbes „Niedergermanischer Limes".

„Schwerter, Brot und Spiele"

Tipp

Führungen und Workshops im APX

Neben den Festen und Großveranstaltungen werden Führungen, Workshops und Mitmachprogramme sowie Kindergeburtstage angeboten. Themen sind beispielsweise „Römische Kleidung", „Römische Spiele", „Münzen gießen", „Schreibtafeln herstellen", „Geschichte zum Anfassen" (mit echten archäologischen Fundstücken) und vieles mehr. Buchbar unter Tel. 02801/988-9213, xanten@kulturinfo-rheinland.de

Begehbare Thermen im Römermuseum

Römisches Leben nachempfinden

In meiner Jugend war das Gelände ebenso weitläufig wie heute. Ich erinnere mich an wehe Füße und müde Beine ebenso wie an grandiose Höhepunkte wie die rekonstruierten Bauten des Amphitheaters und des Hafentempels, an die begehbare Stadtmauer, das Nordtor und die römische Herberge, römische Spiele und auch an den großen Spielplatz, der im Laufe der Zeit noch erweitert wurde. Heute bietet der Park auf der schier unendlichen Fläche der antiken Stadt kurzweilige Informationen an jeder Ecke, unter anderem durch das Museum, Themenpavillons, Handwerkerhäuser und die Schiffswerft. Die Wege sind ebenso den ursprünglichen Straßen nachempfunden wie die Gebäude den Örtlichkeiten, die hier vor 2000 Jahren zu finden waren. Das LVR-RömerMuseum bietet unter seinem weiten Dach die echten Grundmauern der großen Thermen, des ehemaligen Badehauses, und macht sie über Stege begehbar und erfahrbar. Über mehrere Etagen windet sich ein Rundgang durch das Gebäude, erklärt interaktiv eine Vielzahl historischer Fundstücke und lässt uns römisches Leben virtuell und mit allen Sinnen nachempfinden.

Der nördliche Teil des APX aus der Luft. In unmittelbarer Nachbarschaft liegt die malerische Xantener Südsee.

Römische Hafenstadt am Rhein

Tatsächlich begann die Geschichte der 10.000-Einwohner-Stadt mit der Ankunft der Legionen und dem Lager auf dem Fürstenberg in Birten, das zu den wichtigsten im Imperium gehörte. In der Folge entstand in der Nähe eine Hafenstadt, die um 98/99 n. Chr. die Rechte einer Colonia erhielt. Aus der ursprünglichen Siedlung entstand quasi auf dem Reißbrett eine 73 Hektar große Stadt mit prunkvollen Großbauten, deren Einwohner (Römer, Germanen, Gallier und andere Volksgruppen des römischen Reiches) das volle römische Bürgerrecht besaßen. Handwerk, Handel und Dienstleistungen florierten. Das Umfeld wurde durch die Handelsstraße Rhein und die Landwirtschaft geprägt. Einer 200 Jahre andauernden Blütezeit setzen Überfälle der Franken und anderer Stämme ein jähes Ende. Im 4. Jahrhundert wurde die Stadt aufgegeben. Die Steine ihrer Häuser und Befestigungen dienten der mittelalterlichen Stadt Xanten als Steinbruch, und die verbliebenen „Romanen“ gingen in der allgemeinen Bevölkerung auf. Überbaut wurde das Gelände nie; was dazu führte, dass wir hier heute wieder römisches Leben erfahren dürfen und es aus vollen Zügen genießen können – übrigens äußerst behindertengerecht bis hin zu Toiletten, die in dieser Hinsicht keine Wünsche offenlassen.

Der Hafentempel

In der Nähe

Historische Innenstadt Xanten (www.xanten.de)
St.-Viktor-Dom (www.sankt-viktor-xanten.de)
Kriemhild-Mühle (www.kriemhild-muehle.de, www.muehle-xanten.de)
Naturforum Bislicher Insel (www.naturforum-bislicher-insel.de)

Museen:

Stiftsmuseum (www.stiftsmuseum-xanten.de)
Siegfriedmuseum (www.siegfriedmuseum-xanten.de)
Wallfahrtsmuseum Marienbaum (www.sankt-viktor-xanten.de)
Geldmuseum (www.geldmuseum-xanten-wardt.de)

Xantener Nord- und Südsee:

Adventure-Park Hochseilgarten (www.adventurepark-xanten.de)
Freizeitzentrum Xanten (www.f-z-x.de)
Fahrgastschiff Seestern (www.seestern-xanten.de)
Bauerngolf (www.moerenhof.de)
Ballonfahren (www.wolkentaxi.de)

Xantener Dom St. Viktor

Im Hain der Götter

Südwestlich von Xanten

Der Niederrheinische Höhenzug zieht im Westen und im Süden an Xanten vorbei und bietet Freizeitfreude pur! Große Waldstücke und Gebiete, die nicht umsonst als „Schweiz" bezeichnet werden, beherbergen antike Fundstücke und spannende Orte, nicht selten mit einer Aussicht auf Xanten, die auch deshalb so erhebend ist, weil erst aus der Ferne die enorme Größe des Doms erkennbar ist, zu dessen Füßen Häuser, Bäume, Windmühle und Stadttor wie eine Miniatur-Spielzeuglandschaft erscheinen. Von weitem wird die wahre Schönheit Xantens sichtbar.

Anreise Pkw/Parkplatz:
Wanderparkplatz im Tüschenwald, Reichswaldstraße, 47665 Sonsbeck (GPS ca. 51°38'22.58"N, 6°21'44.87"E)
Dürsberg: Wanderparkplatz „Sonsbecker Schweiz", Xantener Straße/Op den Hövel, 47665 Sonsbeck (GPS 51°37'39.04"N, 6°23'41.67"E)
Hees: Wanderparkplatz am Sankt-Josef-Hospital Xanten, Heeser Weg/In der Hees, 46509 Xanten (GPS 51°38'38.81"N, 6°27'15.17"E)
Amphitheater Xanten-Birten: Parkflächen an der Kirche, Heesweg/Römerweg, 46509 Xanten (GPS 51°38'10.24"N, 6°28'30.99"E)

Anreise ÖPNV:
Wasserleitung im Tüschenwald und in Labbeck: Linien 36, 43, BSO, Haltestelle „Sonsbeck-Labbeck Kirche"
Dürsberg: Linie 36, Haltestelle „Sonsbeck Bergrücken"
Hees: Linien 41, 65, 66, Haltestelle „Xanten Krankenhaus"
Amphitheater Birten: ÖPNV Linien 65, 66, Haltestelle „Xanten-Birten Kirche"

www.xanten.de
www.sonsbeck.de

Die römische Wasserleitung am Forsthaus Hasenacker

Der Atem der Geschichte ist immer noch spürbar. So befinden sich im Tüschenwald auch heute noch frei zugänglich Teile einer römischen Wasserleitung, die Quellwasser in die römische Stadt Colonia Ulpia Traiana beförderte. Das Fragment befindet sich, begleitet von einer Informationstafel, direkt vor der Jugendbildungsstätte Hasenacker. Der kleine Abstecher vom Wanderweg zur Wasserleitung lohnt sich, denn wir können sie tatsächlich von allen Seiten sehen und anfassen. Wenige Meter weiter westlich liegt ein idyllischer Tümpel im Wald, der mit Bänken und romantischer Schönheit zum Verweilen einlädt – das Quellgebiet, aus dem das Wasser gesammelt und zur römischen Stadt transportiert wurde. Ein weiteres Stück dieser Wasserleitung ist auf dem Labbecker Dorfplatz zu besichtigen. Nördlich des Tüschenwaldes schließt sich der Uedemer Hochwald an, ein ausgedehntes Waldgebiet, das zum Reiten, Radfahren, Wandern und Erkunden einlädt und von dessen östlichem Waldrand (zum Beispiel bei der Villa Reichswald) sich ebenfalls malerische Blicke auf Xanten bieten. Südlich schließt sich die Sonsbecker Schweiz an. Auf dem

Tipp

KuLaDig – Kultur.Landschaft.Digital

Unter www.kuladig.de lassen sich über eine Karte oder eine Suchfunktion Texte zu den verschiedenen Kulturdenkmälern abrufen, u.a. auch zu den vielen kulturhistorisch interessanten Orten in Xanten und der Umgebung.

Dürsberg (87 Meter über NN), der „Sonsbecker Nordwand“, wird aktuell ein neuer Aussichtsturm errichtet, der wie sein Vorgänger spektakuläre Aussichten in alle Himmelsrichtungen gewähren wird – unter anderem natürlich auf Xanten, Sonsbeck und den Niederrheinischen Höhenzug.

Die Hees und der Jüdische Friedhof

Hufeisenförmig schiebt sich die eiszeitliche Strauchmoräne auch von Süden an Xanten heran. „Hees“ nennt sich dieses sanft hügelige, sonnendurchflutete Gebiet, das sich bequem vom Parkplatz am Sankt-Josef-Hospital aus erwandern lässt. Im Wald verstecken sich Relikte einer alten Luftmunitionsanstalt, und nur 300 Meter westlich des Krankenhauses lockt ein wahrhaft spektakulärer Ausblick über einen geschwungenen, von einem Zaun gesäumten Weg am Waldrand entlang auf den Dom, die Mühle und das Klever Tor. Über den Heeser Weg gelangen wir in einem Bogen zum Jüdischen Friedhof, der auf einer von Feldern umsäumten Anhöhe liegt. Es verschlägt mir den Atem, denn so stelle ich mir den „Hain der Götter“ vor! In der

Mitte erhebt sich – wie eine Burgmotte – ein kreisförmiger, baumbestandener Hügel, zwei Gräben und einem Wall, gesäumt von Hecke und Zaun. Die Grabsteine sind in konzentrischen Kreisen angeordnet. Häufig sind kleinere Kiesel darauf abgelegt. Die runde Anlage ist ein Symbol für Geburt, Leben und Tod. Ein beeindruckender Ort der Andacht und der Stille.

Römisches Amphitheater

Knapp zwei Kilometer südöstlich von hier befindet sich auf dem Fürstenberg eine weitere nahezu kreisförmige Anlage. Es handelt sich um ein ehemaliges Amphitheater, ein Relikt des ehemaligen römischen Heerlagers Vetera, das etwa 13/12 vor Christus hier errichtet wurde. Dieses Heerlager bildete die Basis für die benachbarte Ansiedelung am nahegelegenen Rheinhafen, aus der 100 Jahre später die große Stadt Colonia Ulpia Traiana an der Stelle des heutigen Archäologischen Parks hervorging. Der Überlieferung zufolge erlitt der heilige Viktor hier auf dem Fürstenberg den Märtyrertod.
Das 98 x 84 Meter große elliptisch geformte Theater fasste seinerzeit etwa 6000 Zuschauer. Es ist frei zugänglich und wird im Sommer für Freilicht-Aufführungen in historischer Kulisse genutzt. Umbau- und Restaurierungsarbeiten der im 20. Jahrhundert teilweise aus Beton errichteten Zuschauerränge sind in Planung, was den Zauber des Ortes sicher noch deutlich hervorheben wird. Wir sitzen dort und sind ganz still und glauben das Toben der Zuschauer auch nach 2000 Jahren noch zu hören: Brot und Spiele für das Heer und für das Volk.

In der Nähe

Römerturm, Gerebernus-Kapelle und Gommansche Mühle in Sonsbeck (www.sonsbeck.de)
Geologischer Wanderweg Sonsbeck (www.geowanderweg-sonsbeck.de)
Traktorenmuseum Pauenhof (www.traktorenmuseum-pauenhof.de)

Ausblick auf den Hochwald von der Hohen Mühle in Uedem

Von Siedlern und Räubern
Plaggenhütten in der Bönninghardt

An der Landstraße zwischen Sonsbeck und Alpen erfahren wir eine dramatische alte Geschichte: Sie handelt von Flucht und Vertreibung und von einem Räuber, und das Ganze lässt sich in der pittoresken Nachbildung einer Plaggenhütte frei zugänglich nachempfinden.

Solche Hütten errichteten Flüchtlinge aus der Pfalz, die sich ursprünglich auf der Suche nach einem besseren Leben aus dem Raum Simmern – Bingen – Bad Kreuznach auf den Weg nach Amerika gemacht hatten, um Krieg und religiöser Verfolgung zu entfliehen. Die Reise fand bei Schenkenschanz ein jähes Ende. Durch Geldmangel und den Englisch-Niederländischen Krieg strandeten sie 1771 am Niederrhein und gründeten Siedlungen in Pfalzdorf, (Neu-)Louisendorf und in der Bönninghardt. Holz zu schlagen war ihnen nicht erlaubt. So nutzen sie Heideplaggen zum Bau einfacher Hütten und lebten vom Besenbinden und von der Hand in den Mund. Im 19. Jahrhundert boten sie dem berüchtigten Räuber Brinkhoff Unterschlupf, der seinerseits die Beute seiner Raubzüge mit ihnen teilte.

Anreise Pkw/Parkplatz:
an der katholischen Kirche/Ecke Pastor-Sanders-Weg, 46519 Alpen (GPS 51°34‘43.63“N, 6°27‘28.37“E)

Anreise ÖPNV:
Linien 9,37,38, BAL, Haltestelle „Alpen Bönninghardt Kirche“

Standort:
Bönninghardter Straße 142, 46519 Alpen
(GPS 51°34‘45.41“N, 6°27‘21.48“E)

www.plaggenhuette.de

Mit allen Sinnen in die Historie eintauchen

All dies lässt sich in der rekonstruierten Plaggenhütte direkt neben der Kirche ganz wunderbar nachempfinden und nachspielen. Die letzte echte Plaggenhütte wurde 1890 abgerissen. 2002 entstand ein erster Nachbau an anderer Stelle, der Brandstiftung zum Opfer fiel. Die aktuelle Rekonstruktion stammt aus dem Jahr 2010 und wird liebevoll instandgehalten. Bereits von außen bietet sie einen lebendigen Eindruck alter Zeiten, doch im Inneren wird das Leben der Siedler unmittelbar und mit allen Sinnen (be-)greifbar: eine Bank, ein Tisch, ein Bett mit einem Wandbord darüber und einem Nachttopf und Holzschuhen darunter. Alltagsgegenstände, ein Blumenstrauß, der erdige Geruch ... Nebenan ein kleineres Gebäude, vielleicht ein Stall oder ein Schuppen. Auf der anderen Seite ein Beet für Gemüse und Kräuter. Die Phantasie schlägt Kapriolen, und wir können ihr freien Lauf lassen. Ein paar Stunden im 18. Jahrhundert setzen auch unser heutiges Leben wieder in anderes Licht. Balsam für die Seele!

In der Nähe

Besenbinderdenkmal an der evangelischen Kirche
(Ecke Bönninghardter Straße/Winnenthaler Straße)
Waldspielplatz Bönninghardt (www.waldspielplatz-boenninghardt.de)
Walderlebnispfad Bönninghardt (www.boenni-und-hardy.de)
Streuobstwiese „Ratsbongert" mit Spielplatz „Burg Alpen"
und Erlebnisbrunnen am Mittelweg/
van-Galen-Straße/Dahlackerweg in Alpen
Haus der Veener Geschichte
(www.hausderveenergeschichte.de)
Dorfschmiede Menzelen-Ost
(www.menzelen-geschichte.de)

Waldspielplatz Bönninghardt

Die Plaggenhütte wird liebevoll gepflegt und ist vollständig eingerichtet.

Info

Räuber Brinkhoff

In der Zeit der großen Räuberbanden im 18. Jahrhundert ging Wilhelm Brinkhoff andere Wege. Manche nennen ihn den „Schinderhannes vom Niederrhein", mich erinnert seine Geschichte an Robin Hood. Er wurde am 15. März 1839 als Sohn eines Alpener Tagelöhners geboren. Seine kriminelle Karriere begann, als er als Tischlerlehrling 100 Taler zur Moerser Sparkasse bringen sollte und sich von dem Geld einen sehr schönen Tag auf der Moerser Kirmes gönnte. Er überlistete andere Räuberbanden und gewann mit Klugheit und Witz die Herzen der armen Bevölkerung und zahlreicher Frauen. Die Bewohner der Bönninghardt gewährten ihm Zuflucht und Schutz. Nachdem er zwei Mal aus dem Gefängnis entkommen war, wanderte er nach Amerika aus und kam durch Pelzhandel zu Geld. Zurück in Deutschland ging er abermals auf Beutezüge. Bei einer erneuten Verhaftung starb ein getarnter Polizeidiener, ein Tagelöhner wurde verletzt. Brinkhoffs Streiche und Schurkereien jedoch blieben unvergessen. Briefe, Liebeserklärungen und Geschenke fanden ihren Weg in die Einzelzelle der Klever Schwanenburg – Gaben, die er einträchtig mit dem Wachtmeister teilte. Dieser verbrüderte sich mit ihm, und gemeinsam flohen sie über England vermutlich nach Amerika, wo sich die Spur verliert.

In der Bönninghardt fühlt man sich wie in eine andere Zeit versetzt.

Im verzauberten Garten
Der Laubengang am Haus Issum

Das Wasserschloss Haus Issum wurde 1338 erstmals urkundlich erwähnt. Der heute sichtbare Bau stammt aus der zweiten Hälfte des 16. Jahrhunderts und beherbergt ein Trauzimmer, einen Sitzungssaal und Büroräume der Gemeinde Issum. Gleich nebenan in der Vorburg finden sich die Touristen-Information und ein kleines Heimatmuseum.
Hier gab es bereits 600 v. Chr. eine Siedlung, und unterhalb des Rathaus-Neubaus, der sich gleich östlich an das Wasserschloss anschließt, befinden sich die Überreste einer Hügelburg.
Die Postadresse „Herrlichkeit", die auf die ursprüngliche Bezeichnung des Territoriums als Besitz eines Freiherrn zurückgeht, ist Programm! Hier im Herzen von Issum befindet sich ein paradiesisches Fleckchen Erde.

Anreise Pkw/Parkplatz:
Vogt-von-Belle-Platz, 47661 Issum
(GPS 51°32'8.71"N, 6°25'44.08"E)

Anreise ÖPNV:
Linien SB7, 31, 32, 67, Haltestelle „Issum Vogt-von-Belle-Platz"
(220 m Fußweg)

Standort:
Hainbuchenallee: Gemeinde Issum, His-Törchen,
Herrlichkeit 7–9, 47661 Issum (GPS 51°32'4.51"N, 6°25'38.54"E)

www.issum.de

Das His-Törchen beherbergt die Tourist-Information und ein kleines Heimatmuseum.

Die Lage an der wildromantischen Issumer und Nenneper Fleuth schafft eine einzigartige Atmosphäre, der die kleine, aber feine spätbarocke Parkanlage und das malerische Torhaus, „His-Törchen" genannt, die Krone aufsetzen: Von Rosen gesäumte Wege, alte Bäume, Brunnen, Skulpturen und kunstvoll verzierte Bänke – hier kann die Seele frei atmen. Und dann können wir eintauchen in ein Naturdenkmal mit Seltenheitswert: 80 Meter lang ist der Laubengang aus Hainbuchen, die sich eng miteinander verflechten und nur gelegentlich den Blick freigeben auf die Fleuth und auf den Park. Eingehüllt in Grün atmen wir frische Luft und den Duft der Bäume und fühlen uns zugleich frei und geborgen ...

In der Nähe

Kamelfarm am Niederrhein (www.kamelfarm-am-niederrhein.de)
Oermter Berg (www.oermter-berg.de)
Herrlichkeitsmühle (www.herrlichkeitsmuehle.de)
Spaßbad Hexenland Sevelen
Ehemaliges Jüdisches Zentrum mit Synagoge
Kulturelle Begegnungsstätte
Weißes Häuschen
(www.maerchengold-niederrhein.de)

Auge in Auge mit den sanften Riesen – hautnahe Begegnung auf der Kamelfarm

Tipp

Schafkuscheln

Auf dem Kleinhaever Hof wartet eine Herde kuscheliger Gotlandschafe auf Besucher. Nach Voranmeldung können Familien oder Entspannung-Suchende mit den blökenden Vierbeinern auf Tuchfühlung gehen und in der freundlichen Zuwendung „baden". Dabei steht der Kontakt zu den Tieren im Vordergrund, aber es wird auch Wissen vermittelt. Besonders empfehlenswert auch für Menschen mit Handicap! Ein Fotoshooting kann dazu gebucht werden.

Sandra & Mario Smeyts, Großholthuysen 30A, 47661 Issum,
Tel. 0157/85070910, www.kleinhaever-hof-smeyts.de

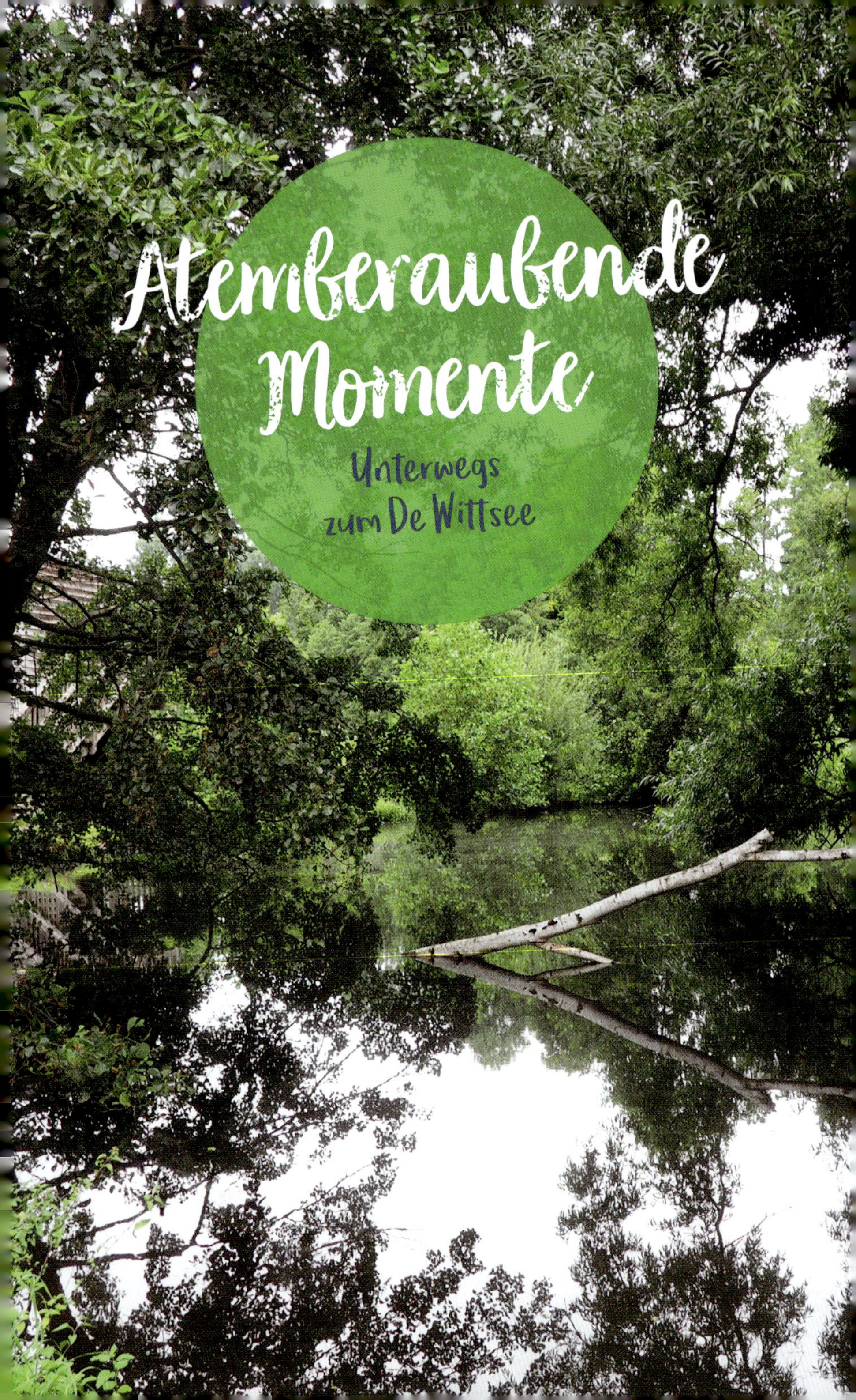
Atemberaubende
Momente
Unterwegs
zum De Wittsee

Der Naturpark Schwalm-Nette lockt mit einer schier unendlichen Vielzahl an Wanderwegen und Naturerlebnissen. Eines davon, das neugierig macht, ist das Rohrdommelprojekt. Doch der Weg von der Leuther Mühle zum De Wittsee bietet noch einen überwältigenden, überaus magischen Ort, wie man ihn selten findet.

Vom Parkplatz an der Leuther Mühle folgen wir einem leichten Wanderweg am Fluss entlang. Gemächlich fließt die Nette vor sich hin. Rechterhand weist ein Schild auf eine Kuhweide mit Geschichte hin. Leichte Wölbungen auf der großen Wiese verraten es dem aufmerksamen Betrachter:

Anreise Pkw/Parkplatz:
Wanderparkplatz „Hinsbecker Straße“ (am Seminarhaus „Leuther Mühle“), 41334 Nettetal
(GPS 51°20‘21.48“N, 6°14‘24.07“E, von hier etwa 800 m zur Beobachtungskanzel, 900 m zur Nette-Brücke)

Anreise ÖPNV:
Linie 095, Haltestelle „Trafohaus, Nettetal“ (Wasserblick)/064 und 093, Haltestelle „Lobberich Breyeller Straße“ (Windmühlenbruch)

Standorte:
Vogelbeobachtungskanzel: GPS 51°19‘58.86“N, 6°14‘27.93“E
Nette-Brücke: GPS 51°19‘53.98“N, 6°14‘30.07“E
Wasserblick 11 „De Wittsee“: GPS N51°19’16.3“, E6°14’35.5“

www.npsn.de
www.nettetal.de
www.bsks.de
www.nabu-krefeld-viersen.de

Hier stand die mittelalterliche Burganlage Alt-Krickenbeck, der Vorläufer des Schlosses, das sich heute zwei Kilometer nördlich befindet. Auf einem 180 x 110 Meter großen Gebiet liegt der Erdboden etwa 140 Zentimeter höher und verbirgt unter seiner Grasnarbe die Spuren der Vergangenheit, als sich hier eine zweiteilige Burg aus Holz und Fachwerk erhob, umgeben von drei Wällen und zwei von der Nette gespeisten Wassergräben. Im 13. Jahrhundert wurde die Burg zum heutigen Standort verlegt.

Info

Die Nette

Die Nette ist nur ein kleines beschauliches Flüsschen mit überschaubaren 28 Kilometern Länge und einer geringen Fließgeschwindigkeit. Dennoch speist sie etliche malerische Seen, unter anderem den De Wittsee und die bekannteren Krickenbecker Seen, und bietet einer reichen Vogelwelt ein Zuhause. Sie beginnt ohne eigentliche Quelle in Viersen-Dülken und mündet nördlich von Wachtendonk in die Niers. Aufgrund des landschaftlichen Reichtums in ihrem Umfeld ist sie mit namensgebend für den grenzüberschreitenden Naturpark Maas-Schwalm-Nette.

Tipp

Wanderungen

In der näheren Umgebung gibt es weitere empfehlenswerte Wanderstrecken wie den Premium-Wanderweg „Nette-Seen“ (www.wa-wa-we.eu/de/touren/nette-seen) oder die Wanderung zur „Nettetaler Seenkette“. Literaturempfehlung: Wanderkarte NRW 65, „Naturpark Maas-Schwalm-Nette“ (Nordteil)

Reiche Vogelwelt im Schilf

Ein Stück weiter südlich befindet sich das sogenannte Rohrdommelprojekt. Ein Schild klärt auf: Es handelt sich um „Entwicklungsflächen zur Anlage von Röhrichtzonen für Schilfbrüter“. Was wir sehen, legt nahe, dass das Projekt geglückt ist – sowohl, was das Schilf angeht als auch die Brüter. Hinter dem Röhricht öffnet sich ein See, in dem sich bizarr ein toter Baum spiegelt. Der Weg führt durch ein grünes Dickicht bis zu einer Aussichtskanzel direkt am See. Von den Tieren unbemerkt sitzen wir im Trockenen und überblicken das Gelände: Unzählige Enten und verschiedenartige Gänse, Reiher und Kormorane lagern am Wasser. Auf einer Schautafel sind Vögel abgebildet, was die Zuordnung erleichtert. Auch Eisvögel sind hier heimisch und lassen sich mit etwas Glück beobachten.

Brücke in eine andere Welt

An der spiegelglatten Nette entlang trotten wir weiter Richtung De Wittsee, und plötzlich erblicken wir vor uns diese Brücke! Wie eine Vision aus einem Traum erhebt sie sich über die Nette, und Trauerweiden bilden ein Dach, das an die gewölbten Spitzbögen einer gotischen Kathedrale erinnern. Dieser Augenblick ist magisch und voller Anziehungskraft und entsteht ganz unmittelbar! Wir tauchen unter ein Dach aus hängenden Zweigen und wiegenden Blättern. Unter uns öffnet sich die Nette zum De Wittsee mit einem Meer von Seerosen, und wir können nur noch atemlos diese Schönheit in uns einsaugen. Für den perfekten Augenblick fehlt nur noch ein stattliches Brautpaar. Tatsächlich ist die Brücke ein beliebtes Fotomotiv, und die Wahrscheinlichkeit, ein Brautpaar zu treffen, nicht gerade gering.

Wir ziehen weiter am De Wittsee entlang, bestaunen die Natur, ein Feuchtbiotop und einen toten Baum im Wasser, der etlichen Wasservögeln eine Heimat gibt, Schwäne mit Nachwuchs, Haubentaucher, Enten, Bäume, die einen Tunnel über dem Weg bilden. Ja, und auch Kanuten auf dem Weg über den See und einen Fliegenfischer auf seinem Weg am Ufer entlang können wir beobachten.

Die romantische Nette-Brücke lädt zum Träumen ein.

Gastronomie

Café-Restaurant „De Wittsee", Am Wittsee 25, 41334 Nettetal-Leuth, www.dewittsee.de

In der Nähe

- Alpakawanderungen (www.nette-alpakas.de)
- Kletterwald Niederrhein (www.kletterwald.net)
- Aussichtsturm Taubenberg
- Abenteuerspielplatz am Windmühlenbruch
- Infozentrum Biologische Station Krickenbecker Seen e.V.
- NABU Naturschutzhof
- Landschaftshof Baerlo
- Textilmuseum „Die Scheune“
- Dorfmuseum Hinsbeck
- Feuerwehrmuseum Freiwillige Feuerwehr Nettetal (Breyell)

Unendliche Wasser-Wanderwelt

Im Verlauf der Nette können wir Haubentaucher, Schwäne und Nutrias beobachten. Es soll hier auch Biber geben. Doch auch ohne Biber oder Eisvogel – dieser Ausflug bietet Erlebniswandern vom Feinsten! Die Strecke lässt sich übrigens über verschiedene Routen im Naturpark Schwalm-Nette beliebig verlängern. Zudem finden sich in der Nähe etliche Möglichkeiten, etwas zu erleben, und jede Menge Naturerlebnisse!

Wie aus einem Märchen: die Nette-Brücke

Im Park der
Mammutbäume
Sequoiafarm
Kaldenkirchen

Mammutbäume am Niederrhein? Tatsächlich? Was wie ein Märchen klingt, zeigt sich in Nettetal-Kaldenkirchen als wahr: Hier befindet sich, etwas versteckt im Wald (gleich neben Haus Galgenvenn und dem Startpunkt des gleichnamigen Wanderwegs) eine Mammutbaumfarm mit einer spannenden Geschichte.

Nach dem Zweiten Weltkrieg waren weite Teile des einst so idyllischen Grenzwaldes abgeholzt und durch einen Großbrand weitgehend vernichtet. Asche und Sand aus diesem Gebiet verbreiteten sich in den umliegenden Ortschaften. Zu dieser Zeit bestand das Waldstück durch Erbteilung aus etwa 8000 kleinen Einzelparzellen, so dass eine Aufforstung sich aufgrund der Besitzverhältnisse

Anreise Pkw/Parkplatz:
vor der Tür und am 100 Meter entfernt gelegenen Haus Galgenvenn, Knorrstr. 77, 41334 Nettetal

Anreise ÖPNV:
Bahnhof Kaldenkirchen (3,4 km Fußweg)

Standorte:
Bergmammutbaum in Kaldenkirchen: Jahnstraße/An der Stadtmauer (vor Beginn der Fußgängerzone, unweit der Kirche, GPS 51° 19‘9.64“N, 6° 11‘49.67“E)
Sequoiafarm e.V., Buschstraße 98, 41334 Nettetal-Kaldenkirchen (GPS 51° 18’31.07“N, 60’24.71“E)

www.sequoiafarm.de

schwierig darstellte. Erst durch gemeinschaftliche Zusammenarbeit gelang eine Wiederansiedelung verschiedenster Gehölze. Das Ehepaar Martin begann 1952 nach eingehender Analyse, auf dem Balkon, in Gewächshäusern und schließlich im eigenen Heidegarten (einer Ginsterfläche in der Ravensheide) Mammutbäume anzupflanzen – mit großem Erfolg!

90 „Riesen" im verwunschenen Garten

Heute gleicht das Arboretum einem verwunschenen Garten und beherbergt insgesamt 90 Berg-, Küsten- und Urweltmammutbäume, die mittlerweile eine Höhe von etwa 40 Metern erreicht haben. Damit überragen sie bereits alle heimischen Bäume, obwohl sie noch

Tipp

Unweit des Parks, im Zentrum von Kaldenkirchen, befindet sich ein Bergmammutbaum aus dem Jahr 1885: Mit 3 Metern Stammdurchmesser gilt er als der dickste Mammutbaum in NRW. Zu finden ist der Mammutbaum hier: Jahnstraße/An der Stadtmauer (vor Beginn der Fußgängerzone, unweit der Kirche), GPS 51°19‘9.64“N, 6°11‘49.67“E

Der Bergmammutbaum

Gastronomie

Waldgasthaus Galgenvenn mit Waldspielplatz, Knorrstraße 77, 41334 Nettetal-Kaldenkirchen, www.haus-galgenvenn.de

nicht einmal die Hälfte ihrer endgültigen Ausmaße erreicht haben. Sequoias, wie der wissenschaftliche Name der Mammutbäume lautet, können bis zu 3500 Jahre alt werden, und ihre Stämme erreichen eine Dicke von bis zu 12 Metern.

Schätze zum Staunen und Anfassen

Als wären die eindrucksvollen Baumriesen nicht genug – hat das 3,5 Hektar große Gelände der Sequoiafarm noch viel mehr zu bieten: äußerst seltene Gehölze wie die erst 1994 in einer Schlucht wiederentdeckte Wollemie, von der angenommen wurde, sie sei bereits mit den

Stimmungsvoller Waldboden zu Füßen der Baumriesen

Dinosauriern ausgestorben. Oder spannende Pflanzen wie das Mammutblatt oder der Taschentuchbaum, die allein durch ihre Namen Bilder in den Kopf zaubern und unsere Neugier wecken! Pflastersteine auf einer Wiese zeichnen den Umriss des größten Mammutbaums der Welt nach, und unweit des Eingangs wird ein dickes Stück Stamm so ausgestellt, dass wir die Jahresringe zählen können. Wir dürfen ein Stück Mammutbaumholz anfassen, das 15 Millionen Jahre alt ist und am Niederrhein gefunden wurde.

Die Schätze der Welt offenbaren sich uns in diesem verwunschenen Park – und machen auf jeden Fall glücklich!

Die seltene Wollemie

In der Nähe

„Wassergarten im Grenzwald", gleich gegenüber der Sequoiafarm (https://www.nettetal.de/de/kultur/wassergarten/)

Premium-Wanderweg „Galgenvenn" (www.wa-wa-we.eu)

Sauna Finlantis (www.finlantis.de)

Speelpark Klein Zwitserland in NL-Tegelen, gleich hinter der Grenze (www.klein-zwitserland.de)

Landschaftliche Vielfalt

Seelenbaumeln im Elmpter Schwalmbruch

Wann immer ich mich in der Nähe von Brüggen aufhalte und auch nur einen Funken Energie in mir verspüre, darf ein Besuch des Elmpter Schwalmbruchs nicht fehlen. Gleich „gegenüber" lockt der Brachter Wald, ein ehemaliges Munitionsdepot, das von der Natur zurückerobert wird, ebenfalls mit Naturerlebnis, aber die Vielfalt, die sich im Schwalmbruch auf wenigen Kilometern Strecke mit einem Höhenunterschied von nur vier Metern erleben lässt, ist einzigartig.

Es beginnt recht harmlos mit einem Wanderparkplatz und ein paar hundert Metern an der Landstraße entlang Richtung Westen, bevor wir den Wanderweg einschlagen können, der uns zunächst über den Kamerickshof zwischen freilebenden Hühnern hindurch auf die andere Seite der Schwalm geleitet.

Anreise Pkw/Parkplatz:
Wanderparkplatz „Kamerickshof" an der L373/Swalmener Straße, 41379 Brüggen (GPS 51°13'47.40"N, 6° 5'46.55"E)

Anreise ÖPNV:
Linien 011, 013, Haltestelle „Niederkrüchten Abzweig Venekotensee" (zum Aussichtsturm ca. 2 km Fußweg)

www.npsn.de
www.wa-wa-we.eu
www.naturpark-msn.de
www.kreis-viersen.de
www.bsks.de

Und hier beginnt dann schon der Naturzauber! Buchenwald, Erlenbruch, Birkenbruch, Gagelmoor und Wacholderheide wechseln sich auf kleinstem Raum ab und beheimaten eine bunte Vielfalt an Pflanzen und Tieren.

Landschaftliche Vielfalt auf kleinstem Raum

Kurze Rundwege sind mit Farben markiert. Um zu meinem favorisierten mittleren, blauen Rundweg zu gelangen, muss man zunächst ein Stück der grünen Route folgen – eine Passage, die mit ihrer Bruchlandschaft wie ein Eingangstor für die ganze Gegend zu werben scheint und mich wieder und wieder verzaubert. Auf der blauen Route erwarten uns sowohl ein Aussichtsturm mit einem weiten Blick über die faszinierende Wacholderheide als auch ein Blockbohlenweg durchs Gagelmoor. Insgesamt lege ich kaum mehr als 6 Kilometer zurück, doch es gibt so viel zu entdecken. Direkt am Ufer der sanft vor sich hinfließenden Schwalm beispielsweise sind Biberspuren keine Seltenheit. Neben Schwarzerle und Moorbirke finden sich auf der Oberfläche des sand- und tonhaltigen Bodens Wacholder, Besenheide, Glockenheide, Torfmoose und Gagel mit Pfeifengras.

Tipp

Premium-Wanderweg

Für eine längere Wanderung von 15,5 Kilometern Länge bietet sich Premium-Wanderweg „Elmpter Schwalmbruch“ an. Er streift die beschriebene Route, führt aber noch wesentlich weiter, an der Schwalm entlang in die Niederlande hinein, im Norden durch den Diergardtschen Wald und östlich noch etwas weiter durch Gagelmoor und Heide Richtung Venekotensee.

Literaturempfehlung: Wanderkarten NRW 66 oder 67, „Naturpark Maas-Schwalm-Nette“, Südwestteil oder Südostteil (Gebiet und Wanderweg sind auf beiden verzeichnet)

In der Nähe

Nationalpark DeMeinweg (www.npsn.de, www.npr-meinweg.eu)
Brachter Wald (www.npsn.de, www.bsks.de)
Historische Altstadt Brüggen, Planetenwanderweg Brüggen (www.brueggen.de)
Burg Brüggen mit Naturkundemuseum „Mensch und Jagd" (www.menschundjagd.de)
Natur- und Tierpark Brüggen (www.natur-und-tierpark-brueggen.de)
Venekotensee (www.niederkruechten.de)

Stockenten, Graureiher, Eisvögel, Buntspechte, Buchfinken, Pirole, Blaukehlchen, Rohrammern, Wiesenpieper, Schwarzkehlchen, Gartenrotschwänze, Heidelerchen, verschiedene Libellen- und Falterarten, Frösche, Molche und Nattern bevölkern die abwechslungsreiche Natur.
Woher kommt diese Vielfalt, die dieses Gebiet zu einem der wertvollsten Feuchtgebiete in Nordwestdeutschland macht? „Schuld" daran ist eine Kombination aus nährstoffarmem Boden und einem reichen Angebot an Regenwasser und nährstoffarmem Tiefenwasser, das aus großer Tiefe empor gedrückt wird, wobei in einer Braunkohleschicht Stoffe gelöst werden, durch die das Wasser saurer wird und seine typische bräunliche Farbe erhält.
Wann auch immer man hierher kommt, die Landschaft sieht in jeder Jahreszeit und bei jedem Wetter anders aus, und stets lockt ein Abstecher oder ein neuer Weg, um dieses faszinierende Gebiet weiter zu erkunden.

2021 wird der bisherige Aussichtsturm durch einen höheren ersetzt. Wir dürfen gespannt sein!

Blick auf die Wacholderheide

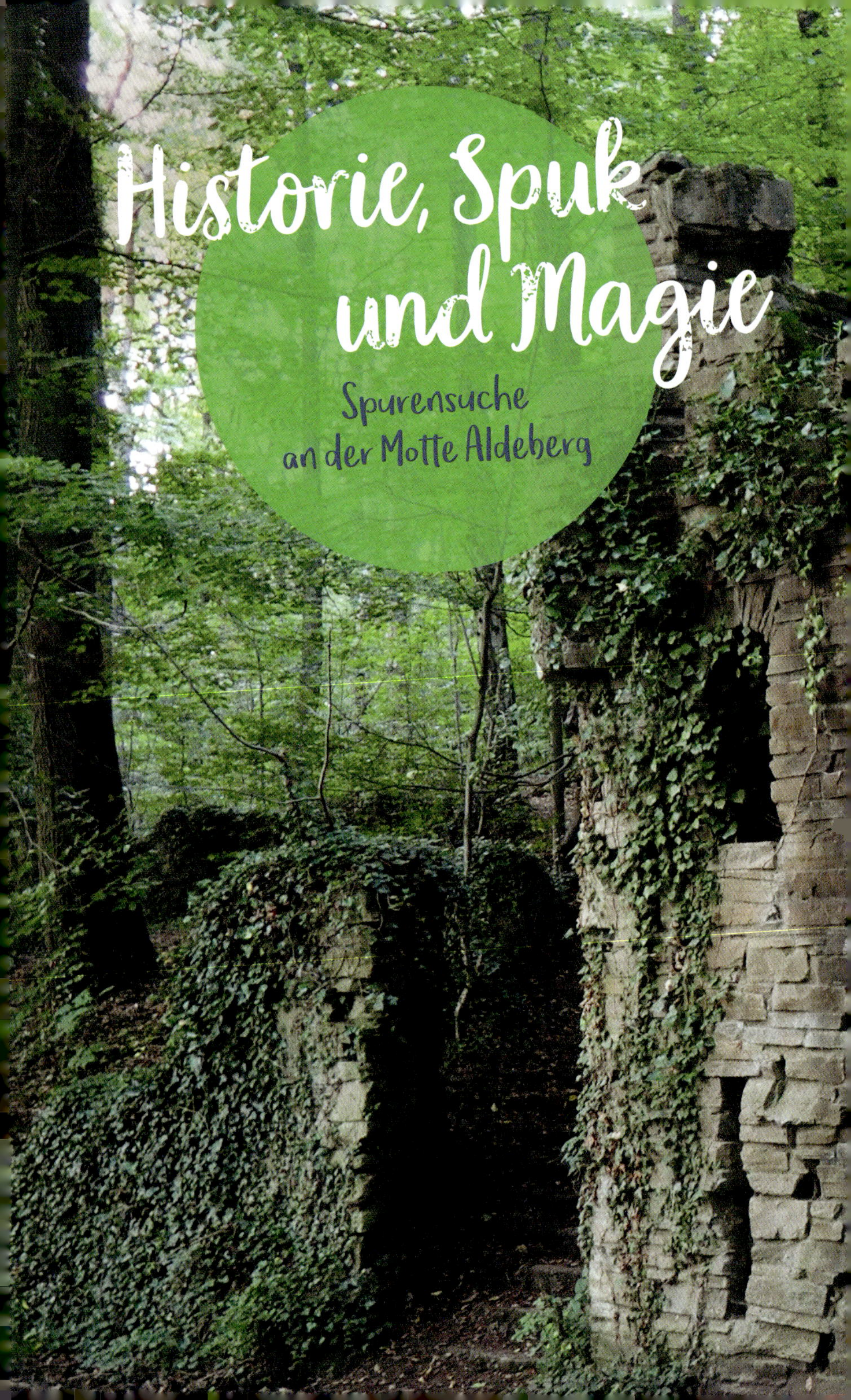
Historie, Spuk und Magie
Spurensuche
an der Motte Aldeberg

Der Niederrhein ist voll von unbekannteren Sehenswürdigkeiten. Fast völlig unbeachtet sind die Burgmotten, Zeugnisse längst vergangener Zeiten. Es handelt sich um teils recht unscheinbare Erdhügel, die einst prachtvolle Burgen und mächtige Bergfriede trugen – ehemals wehrhafte Festungen, heute „nur" ein Buckel im Wald. Den größten und besterhaltenen am Niederrhein findet man in Wegberg zwischen Arsbeck und Dalheim-Rödgen: die Motte Aldeberg (oder auch Alde Berg).

Anreise Pkw/Parkplatz:
an der Anton-Raky-Straße, 41844 Wegberg oder in Arsbeck

Anreise ÖPNV:
Linie 413, Haltestelle „Arsbeck Büch" oder „Dalheim Kirche" (je ca. 700 m Luftlinie)

Standorte:
Motte Aldeberg: am Rundweg A2 (GPS ca. 51° 8'47,6"N, 6° 11'45,4"E)
Raky-Schlösschen, Aussichtsturm und Eiskeller:
Anton-Raky-Str. 18 (Aussichtsturm: GPS 51° 08'54,7"N 6° 11'36,5"E, Eiskeller: GPS 51° 08'54,1"N 6° 11'36,9"E)

www.kuladig.de
www.wegberg.de

Doch zuvor gibt es noch mehr zu entdecken! Wir können uns der Motte über den Rundwanderweg A2 oder von der Anton-Raky-Straße aus nähern. Folgen wir der Anton-Raky-Straße in westlicher Richtung (für Autos ist die Straße hier gesperrt), so gelangen wir zunächst zur Ruine eines alten Eiskellers, während uns zu unserer Linken ein entzückendes Gebäude mit Türmen zuwinkt: die Villa des Konstrukteurs und Unternehmers Anton Raky, auch Raky-Schlösschen genannt. Am ehemaligen Eiskeller führen ein paar Stufen in den dahinter liegenden Wald hinein; das Abenteuer lockt, und der Abstecher lohnt sich: Nach wenigen Metern gelangen wir an einen Turm, der uns unweigerlich an Rapunzel denken lässt. Es handelt sich um einen ehemaligen Aussichtsturm des Unternehmers. Wir gehen zurück und gelangen wieder auf die Straße, der wir noch 200 Meter folgen, bevor der Wanderweg nach links auf einen Pfad abbiegt, zwischen den beiden im 19. Jahrhundert angelegten sogenannten Raky-Weihern hindurch. Hier befindet sich der Wasser_Blick 22.

An den Raky-Weihern

Tipp

Wasser_Blick

Landschaftlich oder historisch interessante Orte sind im Naturpark Schwalm-Nette sogenannte Wasser_Blicke gekennzeichnet: Informationen lassen sich über eine Telefonnummer, das Internet oder einen QR-Code abrufen. Eine Übersicht über die Wasser_Blicke gibt es unter: www.npsn.de in der Rubrik Freizeit.

Nun laufen wir direkt auf die Burgmotte zu, genießen zunächst aber die Aussicht auf die Weiher und das Schilf, bevor wir den Helpensteiner Bach überqueren, in den Wald eintauchen und wenige Meter weiter auf der linken Seite einen imposanten Hügel erblicken. Wir sind am Ziel!

Ein Hügel im Wald

Selbst als bewachsener Hügel strahlt die kreisrunde Burgmotte Größe und Würde aus. Sie ist etwa 12–15 Meter hoch und hat an der Basis einen Durchmesser von 60 Metern. Man stelle sich darauf einen Bergfried vor, mehrere Etagen hoch, und eine Palisade oder Mauer am oberen Rand! Funde weisen darauf hin, dass sowohl Holz als auch Steine verbaut wurden. Eine Burg wurde hier spätestens Ende des 12. Jahrhunderts durch den Dienstmann und Ritter von Orsbeck errichtet. Noch vor dem Ende des 15. Jahrhunderts wurde sie aufgegeben. Es existieren Spuren eines Brandes. Bei Untersuchungen wurden 80 Kilogramm Keramikscherben aus dem 12.–14. Jahrhundert gefunden. Rings um den Hügel verlief ein bis zu 16 Meter breiter Graben, an den sich im Osten eine Vorburg mit einer Grundfläche von 60 x 50–60 Metern anschließt.

Auf der Ostseite des Hügels befindet sich eine Treppe. Flankiert von den Wurzeln der alten Bäume, die den Hügel bewachsen, kann man die steile Anhöhe erklimmen. Hier oben erinnert ein Kreuz an eine Kapelle, die Mitte des 19. Jahrhunderts von Anton Raky errichtet und 1970 abgerissen wurde.

Raky-Turm

Am Helpensteiner Bach

Die ehemalige Kapelle im Sonnenuntergang

Ein Zauber scheint über dem Ort zu liegen, und ich scheine nicht die Einzige zu sein, die so empfindet: Nachdem die Burg aufgegeben worden war, rankten sich um den verlassenen Buckel mitten im Wald Spukgeschichten von Werwölfen, Heinzelmännchen, Feuermännchen und einer weißen Frau. Die Menschen sprachen dem Hügel heilende Kräfte zu. Sie stiegen hinauf, verknoteten Zweige und glaubten, damit ihre Krankheit an den Berg zu binden. Nach der Errichtung der Kapelle führten örtliche Wallfahrten auf den „Alde Berg", bis schließlich, am Ende eines langen Tages, wir hier stehen und das alles fühlen und sehen können. Nur ein Hügel? Auf keinen Fall!

Tipp

Wanderung

Empfehlenswert ist eine Wanderung auf dem Rundwanderweg Meinweg und Dalheimer Wald – A2 Alde Berg. Weitere Infos unter: www.npsn.de; in der Nähe befindet sich auch der Premium-Wanderweg „Birgeler Urwald" (www.wa-wa-we.eu).

Tipp

Lamawandern im Nationalpark Meinweg

Sie haben keine Hufe, sondern Sohlen, und auf diesen schleichen sie durch die Natur, mit uns an ihrer Seite, wenn wir das möchten. In Zeiten, in denen Entschleunigung „angesagt" ist, gibt es keine besseren Begleiter und „Therapeuten" als Tiere, die gleichzeitig unsere volle Konzentration und einen sensiblen Umgang fordern. Lamas sind keine Schmusetiere, sie brauchen Distanz und nähern sich uns in ihrem eigenen Tempo. Wir vollbringen also den Balanceakt, zugleich Leittier unseres Lamas zu werden und seine Annäherung an uns abzuwarten. Knoten auf den Stricken helfen, einen angemessenen Abstand zu finden. In der Regel gibt es ein bestimmtes Lama, zu dem wir nach kurzer Zeit einen „besonderen Draht" haben. Man lernt sich kennen, während man unterwegs ist, über Stock und Stein in der Nationalparkregion Meinweg im Naturpark Maas-Schwalm-Nette.

Die Touren können hinsichtlich Strecke, Länge und Zusammensetzung ganz individuell „gebucht" werden und sind auch für Menschen mit Handicap planbar.

Weitere Informationen unter: Lama Tours Sabine Hofer, 41844 Wegberg-Dalheim, www.lama-tours.de, buchbar auch über www.npsn.de

Ganz tief im Westen
Der westlichste Punkt Deutschlands

Ein Ort, der einfach durch seine Existenz schon neugierig macht: Der westlichste Punkt Deutschlands liegt am Niederrhein, genauer gesagt in Selfkant-Isenbruch im Kreis Heinsberg. Wie die westlichste Gemeinde heißt auch die Region „Der Selfkant". Und es gibt noch einen, praktisch benachbarten, Rekord: Bei dem angrenzenden Gebiet handelt sich mit 4,8 Kilometern Breite um das schmalste Stück Niederlande. Noch weiter westlich beginnt schon Belgien. Grund genug, eine Erkundungstour in den „Erlebnisraum Westzipfel" zu planen.

Groß ist dieser Ort nicht, doch dafür bietet er spannende und unterhaltsame Fakten und das erhebende Gefühl, der „westlichste Mensch Deutschlands" zu sein. Auf den ersten Blick handelt es sich um einen Parkplatz (auch für Fahrräder!), eine Bushaltestelle und ein kleines Stück Natur mit Rastplatz und Infotafeln, einem Unterstand und einer Toilette.

Anreise Pkw/Parkplatz:
K1 in Selfkant-Isenbruch, 52538 Heinsberg (D)/IJsstraat, 6114 RM Echt-Susteren (NL) (GPS 51° 03'03N, 5° 51'59E)

Anreise ÖPNV:
Multibus Heinsberg, Haltestelle „Westzipfel"

www.selfkant.de
www.derselfkant.de
www.westblicke.de
www.heinsberger-land.de

Der Rodebach bildet die Grenze zwischen Deutschland und den Niederlanden, und vorbei am interaktiven Entdeckerelement, an dem wir einiges über die Zipfel dieser Welt erfahren, gelangen wir über einen hölzernen Steg entlang des Baches zu einer Plattform, auf der ein roter Mast unser Ziel markiert und der genaue Grenzverlauf Deutschlands, der Niederlande und Belgiens auf einer Stahlplatte abzulesen ist. Dort wird auch deutlich, dass das „schmalste Stück Niederlande" südlich noch einmal breiter wird, bevor Deutschland und Belgien schließlich eine gemeinsame Grenze erhalten. Eine weitere Brücke führt übrigens über den Rodebach hinüber ins Nachbarland auf einen Radwanderweg, der in das Knotenpunktsystem integriert ist.

Alte und neue Grenze

Doch auch die Geschichte des Ortes ist spannend: Viele Jahrhunderte gehörte der Selfkant zum gleichen Gebiet wie die benachbarten niederländischen Ortschaften in der Provinz Limburg. Der Wiener Kongress 1815 trennte diese Einheit und schuf die heutige Grenze am Rodebach entlang. 1949 wiederum, nach dem Zweiten Weltkrieg, wurde der Selfkant als Pfand für die Zahlung der von Deutschland zu leistenden Kriegsentschädigungen vorübergehend wieder den Niederlanden zugeschlagen. Die Menschen erhielten einen neuen Pass mit dem Vermerk „Wordt behandelt als Nederlander" und konn-

Tipp

Zipfelpass

Wer innerhalb eines Jahres alle vier Extreme Deutschlands – die „Zipfelorte" – besucht (außer Selfkant noch List auf Sylt im Norden, Görlitz im Osten und Oberstdorf im Süden), wird stolzer Besitzer eines „Zipfelpasses".

In der Nähe

Historischer Ortskern Millen
Bauernmuseum Selfkant-Tüddern (www.bauernmuseum-selfkant.de)
Selfkantbahn (www.selfkantbahn.de)
Paddel&Pedale Event-Kanuvermietung an der Rur (www.mit-paddel-und-pedale.de)
Naturschutzgebiete Tüdderner Fenn, Eiländchen, Hohbruch, Höngener und Seffeler Bruch sowie das Maasland (NL/B)

ten fortan von den Vorteilen beider Länder profitieren. 1963 erhielt Deutschland die Region gegen eine Zahlung von 280 Millionen DM zurück. Die Bevölkerung schickte als erstes einen Esel über die neue Grenze. Zudem füllten die Menschen vor der Nacht zum 1. August 1963 ihre Häuser bis unters Dach mit Kaffee und Zigaretten, die sie somit zollfrei und legal in die Bundesrepublik Deutschland einführten.

Die neue alte Grenze enthält einen Zacken, den es zuvor nicht gab: In der Zwischenzeit war dort ein Haus errichtet worden, und durch die Grenze in ihrer alten Form hätte sich der Kohleschuppen in einem anderen Land befunden als das Wohngebäude.

All diese Informationen, Geschichten und Erlebnisse lassen sich entspannt auf einer der gemütlichen Bänke im „Westzipfel“ verdauen, bevor es uns wieder an andere Orte zieht.

Bezauberndes
Naturerlebnis
Im Wald
der blauen Blumen

Manchmal sagen Bilder mehr als tausend Worte! Von Mitte April bis Mitte Mai verwandelt sich ein unscheinbares, etwa 600 x 200 Meter großes Waldstück auf einer Anhöhe zwischen Hückelhoven-Doveren und Baal in einen Zauberwald mit leuchtenden blauen Blütenteppichen, der das Herz höher schlagen lässt und dessen Schönheit Glücksgefühle garantiert.

Es handelt sich um das größte und einzige natürliche Vorkommen der Atlantischen Hasenglöckchen (Scilla Non Scripta) in Deutschland. An Stängeln von bis zu 30 Zentimetern Länge wippen 5 bis 20 „Glöckchen" im Wind leicht auf und ab. Die „blaue Blume" ist ein Liliengewächs, das sich aus Zwiebeln bildet. Sie steht teilweise unter Naturschutz und darf nicht vom Standort entfernt werden.

Anreise Pkw/Parkplatz:
Bahnhof Baal, Bahnstr. 11, 41836 Hückelhoven-Baal (750 m Fußweg über die Ottostraße, links auf die Bahnstraße, die L117 geradeaus überqueren, der 1. Feldweg links führt zum Wäldchen)

Anreise ÖPNV:
RB33, Buslinien SB95, 295, 402, Haltestelle „Baal Bahnhof"

Standort:
zwischen Hückelhoven-Doveren und Baal, ca. 200 m nordöstlich der Provinzialstraße/Bahnstraße (L117, gegenüber Abzweig Dieselstraße, GPS 51° 2'25.64"N, 6°15'49.29"E)

Verwandte Arten sind für Gartenliebhaber aber überall erhältlich und vermehren sich in Gärten gut. In der Natur benötigen Hasenglöckchen lichten Wald. Brombeeren und Unterholz überwuchern sie und hindern sie am Blühen.

Der kleine Weg zum großen Glück

Auf meiner Entdeckungstour erreiche ich den Wald mit ungeduldig vorfreudigem Herzklopfen und biege vom Hauptweg nach links in den Wald. Der Weg ins Paradies führt mich nach rechts, der Länge nach mitten durch das kleine Wäldchen, und nun breiten sie sich

vor mir aus: blaue Blütenteppiche aus tausenden und abertausenden von blauen Blumen! Ihre Schönheit ist atemberaubend. Es geht leicht auf und ab, und auf den Hängen rechts und links des Weges wird das blaue Meer nur von Bäumen und kleinen Pfaden durchbrochen. Auf dem höchsten Punkt finden wir zwei Bänke und ein Weidentipi für eine Rast inmitten des Paradieses. Pause für den Alltag – viel Platz für Glücksgefühle!

Behutsamer Umgang mit der Natur

Noch eine Bitte: Bleiben Sie auf den Wegen und zertrampeln Sie die zarten Blumen nicht! Es gibt genügend Pfade, die in die Blütenkissen hineinführen und sich hervorragend für Fotos nutzen lassen. Den Rest lassen Sie bitte in Ruhe, damit wir uns alle noch lange daran erfreuen können!

In der Nähe

Millicher Halde mit „Himmelstreppe" (www.hueckelhoven.de)
Besucherbergwerk „Schacht 3" (www.schacht-3.de)
Mineralien- und Bergbaumuseum (www.museum-hueckelhoven.de)
Korbmachermuseum (www.rurtal-korbmacher.de)
Opelmuseum (www.opelmuseum-hueckelhoven.de)
Lanz-Bulldog-Museum Kühlerhof (www.lanzbulldog.de)
Air-Power-Arena/Bodyflying (www.air-power-arena.de)
Freizeitbad Hückelhoven (www.hueckelhoven.de)
Naturfreibad im Naturseebad Kapbusch (www.hueckelhoven.de)
Indoor-Spielpark Fridolino (www.fridolino.de)

Besucherbergwerk „Schacht 3" in Hückelhoven

Aussicht
mit Einsicht
In luftiger Höhe
auf dem Skywalk

Ein besonderer Ort mit Nervenkitzel-Potenzial, der nicht mit Superlativen geizt, befindet sich in unmittelbarer Nähe des Autobahnkreuzes Jackerath, direkt über dem „Loch". Und ganz gleichgültig, wie die eigene Meinung zum Thema Braunkohletagebau aussieht, der Skywalk ist in jedem Fall spektakulär!

Es handelt sich um einen Steg mit einer rondellartigen Plattform, der wie eine Brücke 14 Meter über die Abbruchkante hinausragt. Der Ausblick kann sich sehen lassen: Nicht nur ist der Untergrund – die Basis des gigantischen Abbaugebiets – schwindelerregend weit entfernt, die ganze Umgebung, der Tagebau Garzweiler, an dessen Südrand wir uns befinden, bildet seine ganz eigene Landschaft mit verschiedenen Erd- und Gesteinsschichten, eine Welt in Braun und Grau, kilometerweit. Förderbänder, Schaufelradbagger und Absetzer bevölkern die Grube.

Anreise Pkw/Parkplatz:
am Südrand des Tagebaus Garzweiler, 41363 Jüchen (GPS 51° 02'43.5"N, 6° 27'48.5"E, A 44/61 an der Ausfahrt Jackerath links halten)

Anreise ÖPNV:
Buslinien 274, 284, R282, Haltestelle „Jackerath Titz Grevenbroicher Straße" (1,3 km Luftlinie)

www.group.rwe/nachbarschaft/rwe-erleben/unsere-aussichtspunkte/aussichtspunkt-skywalk

Die größten Bagger der Welt

Die Bagger, deren Schaufeln durchaus die Ausmaße einer Garage aufweisen können, sind bis zu 220 Meter lang und 96 Meter hoch. Vom Skywalk aus sehen wir sie immer noch von oben ... Die Länge

der Bandanlagen nur in Garzweiler summiert sich auf 97 Kilometer. Die jährliche Fördermenge liegt bei etwa 40 Millionen Tonnen Braunkohle. Auf der Internetseite des RWE ist zu lesen, dass hier einige der größten Bagger der Welt arbeiten. Ein Blick in die Grube bestätigt jedes Wort.Es ist windig auf dem Skywalk, die Konstruktion schwingt etwas, und spätestens beim Blick nach unten kitzelt es im Magen.

Zeit, auch an die Dörfer zu denken, die für immer vom Erdboden verschlungen wurden. Dieser Ort lädt ein zum Erleben, Staunen und Nachdenken. Und lässt garantiert niemanden kalt.

In der Nähe

Aussichtpunkt Hochneukirch im Norden des Tagebaus (Ausfahrt MG-Wanlo)
Schloss Dyck (www.stiftung-schloss-dyck.de)
Tierpark Odenkirchen (www.tiergarten-moenchengladbach.de)

Schloss Dyck mit Barockbrücke

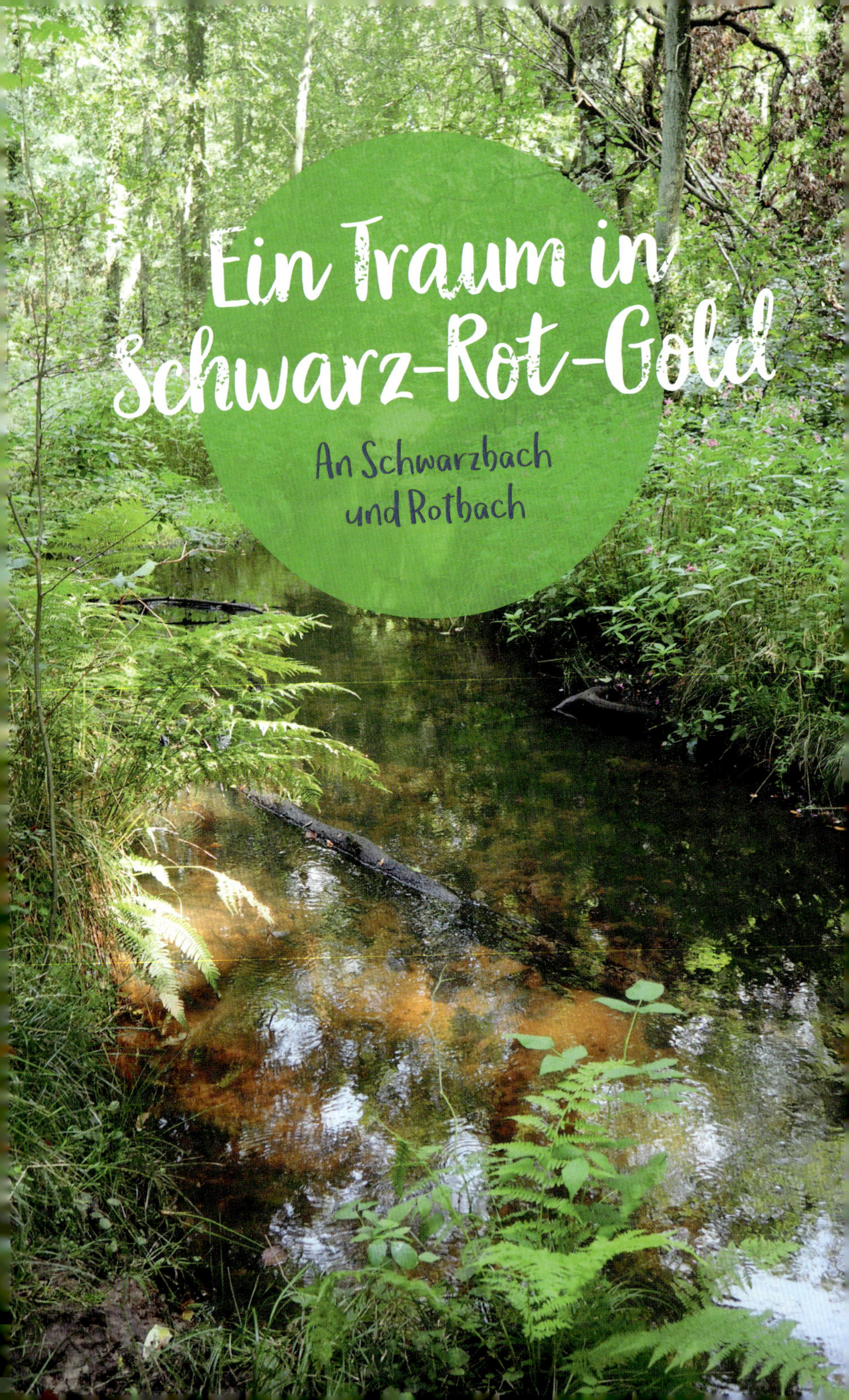

Ein Traum in Schwarz-Rot-Gold

An Schwarzbach und Rotbach

Im Drei-Städte-Eck zwischen Bottrop, Oberhausen und Dinslaken befindet sich ein paradiesischer Ort mitten im Wald. Während der Schwarzbach die Kirchheller Heide entwässert und die natürliche Grenze zwischen Bottrop im Süden und Dinslaken im Norden bildet, kommt aus südlicher Richtung von der Grafenmühle der Rotbach und trennt wiederum Bottrop von Oberhausen.

Wo sich also das Ruhrgebiet im endlos scheinenden Hiesfelder Wald unmerklich Richtung Niederrhein verabschiedet, fließt das schwarze moorige Wasser des Schwarzbachs auf goldenem Sand in das rostrote eisenhaltige Wasser des Rotbachs, der seinen Weg auf Dinslakener Gebiet fortsetzt und bei Voerde-Götterswickerhamm in den Rhein mündet.

Anreise Pkw/Parkplatz:
an Piwys BBQ, Dickerstr. 598, 46539 Dinslaken
(GPS 51°34‘54.95“N, 6°49‘40.10“E, ca. 500 Meter Fußweg)

Anreise ÖPNV:
Buslinie 17, Haltestelle „Dinslaken Schlägerheide“

Standort:
Schwarzbachmündung: am Ende der Dickerstraße,
46539 Dinslaken (GPS 51°34‘47.92“N, 6°49‘57.50“E)

Am Rotbach

Der Wald lässt einige Sonnenstrahlen durch, die das Wasser glitzernd und funkelnd erstrahlen lassen. Das idyllische Bächlein wird begleitet von Reitwegen und der 20 Kilometer langen Wander- und Radroute Rotbachweg, die auf dem ersten Teilstück dem befestigten Bohrlochweg folgt. Rechts und links begleiten uns idyllische Natur und das Plätschern des Bächleins, das in gemütlichen Schleifen durch den Auenwald fließt. An der Schwarzbach-Mündung in der Nähe der Sträterei laden das flache sandige Bachbett und die üppige Uferböschung uns zum Picknick und zum Verweilen. Kinder können über umgestürzte Baumstämme balancieren oder im Wasser plantschen. Und mit etwas Glück sehen wir vielleicht auch Frösche, Libellen, Eisvögel, Blindschleichen, Ringelnattern oder vielleicht auch einmal einen Fuchs, ein Wiesel oder einen Iltis.

Ob Klein oder Groß – ein Ausflug an den Rotbach macht einfach allen Freude!

In der Nähe

Naturpark Hohe Mark-Westmünsterland (www.naturpark-hohe-mark.de)
Mühlenmuseum Hiesfeld
(www.muehlenmuseum-dinslaken-hiesfeld.de)
Altstadt Dinslaken mit Burg Dinslaken, Burgtheater, Rittertor,
Pförtnerhaus und Bollwerkskate (www.dinslaken.de)
Bergpark Oberlohberg
Museum Voswinckelshof mit Färbergärten
Hof Emschermündung (www.hof-emschermuendung.de)
Trabrennbahn (www.dintrab.net)
Eissporthalle Dinslaken (www.eishalle-dinslaken.de)
DINamare – das Stadtwerkebad (www.dinamare-dinslaken.de)

Tor der Burg Dinslaken

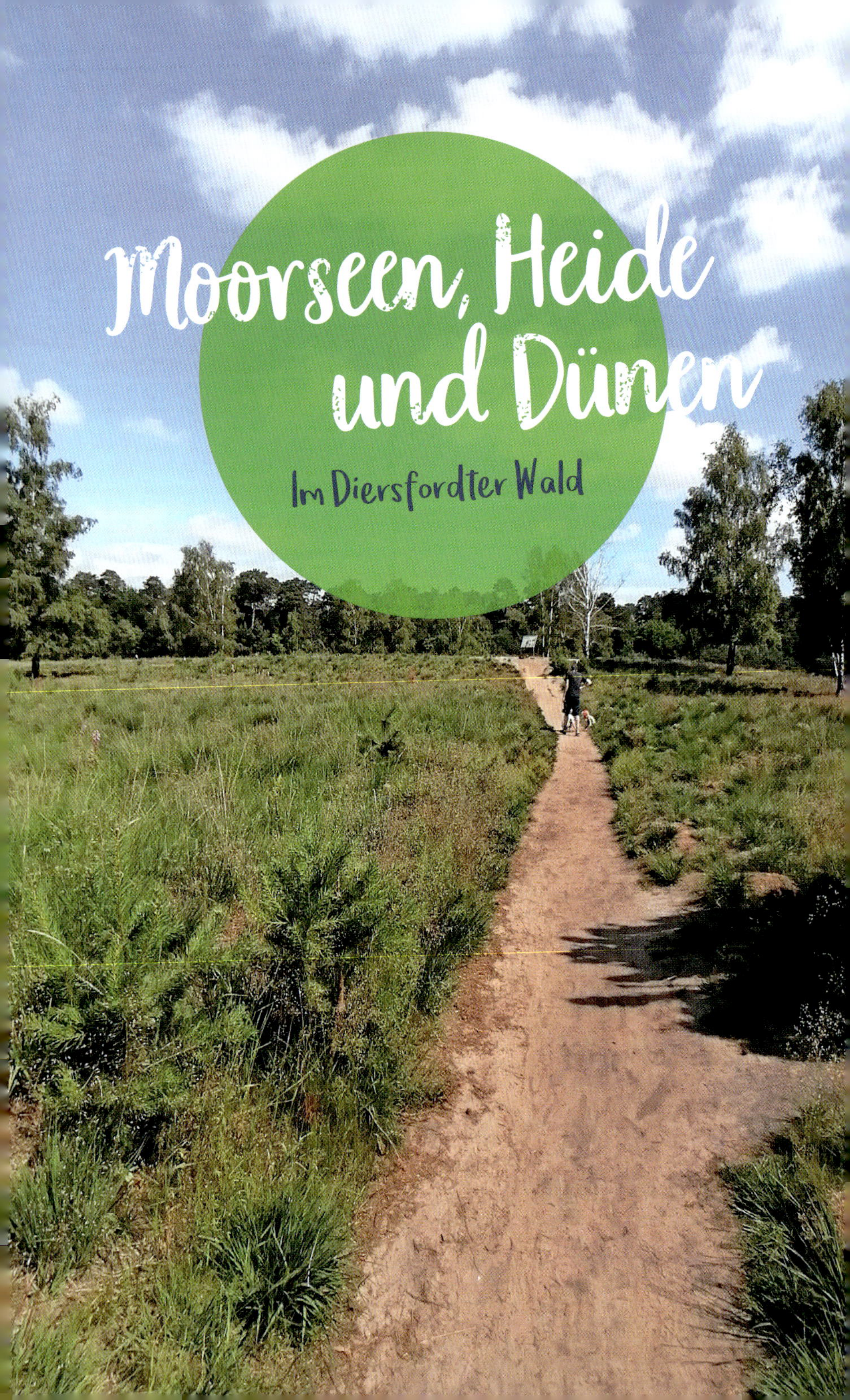
Moorseen, Heide und Dünen
Im Diersfordter Wald

Es gibt Begriffe, die wecken einfach die Neugier: Der Name „Schwarzes Wasser" ist so ein Wort, oder die Bezeichnung „Blockbohlenweg". Im Diersfordter Wald gibt es beides …

Die Erkundungstour beginnt am Schwarzen Wasser westlich der Weseler Ortschaft Blumenkamp: Ein 2,3 Kilometer langer Rundweg lädt zum gemütlichen Auskundschaften ein.

Anreise Pkw/Parkplatz:

Wanderparkplatz „Schwarzes Wasser": Zufahrt von Blumenkamp aus bis zum Ende der Straße „Strauchheide", alternativ über „Kanonenberge", 46487 Wesel (GPS 51° 41'45.84"N, 6° 35'29.32"E)
Eingang Nord zum Wildgatter: Zufahrt über die Straße „Bislicher Wald", 46499 Hamminkeln (GPS 51° 43'1.33"N, 6° 32'51.23"E)
Großer Parkplatz am Eingang Süd zum Wildgatter (empfohlen mit Rollstuhl/Kinderwagen): Kreuzung Emmericher Straße/Diersfordter Straße, 46483 Wesel (GPS 51° 41'44.94"N, 6° 33'14.27"E)

Anreise ÖPNV:

Buslinie 63, Haltestelle „Wesel Diersfordt Am Jäger"

www.naturpark-hohe-mark.de
www.bskw.de

Bei der leicht hügeligen Heide- und Moorlandschaft handelt es sich um Flussdünen des Rheins mit einer Erdschicht oberhalb des Grundwassers, die das Regenwasser am Abfließen hindert. Der torfhaltige Untergrund färbt den durch Regenwasser gespeisten See schwarz. Ganz minimal auf und ab führt uns der Weg rund um das faszinierende Gewässer (übrigens das älteste Naturschutzgebiet Wesels und der größte Heideweiher am unteren Niederrhein) bis zu einem Aussichtspunkt. Kiefern und Birken, aber auch Eichen und Buchen säumen unseren Weg.

Am Schwarzen Wasser

Informationstafeln geben Aufschluss über die Entstehung des Weihers und die dort lebende Tier- und Pflanzenwelt (Insekten wie Libellen und Hirschkäfer, aber auch Moorfrösche und viele andere). Der Weg unter unseren Füßen ist weich und stellenweise sandig, das Wasser grüßt schwarz und still und die ungeordnete Vegetation in der Umgebung lässt die Umgebung immer wieder anders aussehen und wirkt dadurch besonders spannend. Ein perfekter Ort für eine Auszeit vom Alltag!

Tipp

Hohe Mark Steig

Für anspruchsvollere Wanderer bietet sich der knapp 150 Kilometer lange Hohe Mark Steig an, der in sechs abwechslungsreichen Etappen von Wesel bis Olfen führt und dabei dieses Gebiet durchquert. Weitere Informationen unter: www.hohe-mark-steig.de

Wildgatter mit Moorerlebnispfad

Unweit des Schwarzen Wassers lockt ein weiterer Moorerlebnispfad: Fleißige Wanderer könnten direkt weiter zum 1800 Hektar großen Wildgatter Diersfordter Wald wandern. Für einen kleinen Ausflug empfiehlt sich jedoch der Eingang Nord. Von hier aus lässt sich das Wildgatter über die Hirschkäferroute (rot markierte Route) oder die Moorerlebnisroute (gelb markierte Route) in Teilen oder vollständig erwandern. Die Wegstrecken variieren zwischen 2,7 Kilometern für die reine Durchquerung von Nord nach Süd bis hin zum Rundweg mit 6,5 Kilometern. Der 3,4 Kilometer lange Moorerlebnisweg überquert das Große Veen im Norden auf 130 Metern Länge über einen malerischen Blockbohlenweg und bietet daher ein besonders großes Abenteuerpotenzial, natürlich gepaart mit Informationen zur Natur und zur Entstehung des Gebiets. Durch den lichten Wald geht es hinaus auf Stemkens Heide, ein Gebiet mit kargem Heideboden und Moorgewässern, das spezialisierten Tierarten wie Zwergtauchern, Baumfalken, Heidelerchen, Sandlaufkäfern und Zauneidechsen ein passendes Zuhause bietet.

Auf dem Blockbohlenweg (!) über das Moor klingen unsere Schritte laut und hohl, und der Gedanke an Sumpf unterhalb unserer Füße sorgt für ein leichtes Kitzeln im Magen, bis wir in einem Wäldchen wieder festen Boden unter den Füßen spüren. Im angrenzenden Großen Veen treffen wir Große Moosjungfern (eine Libellenart) und Ameisenjungfern (Netzflügler) an. Torfmoose und Sonnentau (eine fleischfressende Pflanze) besiedeln den Untergrund. Es empfiehlt sich, die Tour um die Hirschkäferroute zu erweitern, an der sich zwei Beobachtungskanzeln befinden. Das Wildgatter trägt seinen Namen schließlich nicht ohne Grund, so dass wir mit etwas Glück Rot-, Dam und Muffelwild erspähen können.
Das Gebiet ist von einem Zaun umgeben, gute Beschilderung mit Entfernungsangaben hilft dabei, den richtigen Eingang wiederzufinden. Die Hauptwege der Hirschkäferroute sind sehr bequem ausgebaut, während das Laufen durch das Moor den Charakter spannender Abenteuerpfade besitzt (die jedoch auch barrierefrei sind).

In der Nähe

Schloss Diersfordt (www.schlosshotel-diersfordt.de)
Diersfordter Waldsee
(www.wesel-tourismus.de/mark/themen/diersfordter-waldsee/
Auesee (www.wesel.de/kultur-freizeit/auesee)
Fähre Bislich (www.bislich.de/content/personenfaehre-keer-troech-ii)
Hansestadt Wesel (www.wesel-tourismus.de)
Kulturzentrum Zitadelle mit LVR-Niederrheinmuseum Wesel,
dem Städtischen Museum und den Schill-Kasematten
(www.niederrheinmuseum-wesel.lvr.de, www.wesel.de)
Alte Eisenbahnbrücke
Lippefähre „Quertreiber“ (Gierseilfähre für Radfahrer und Fußgänger)

Alte und neue Rheinbrücke in Wesel

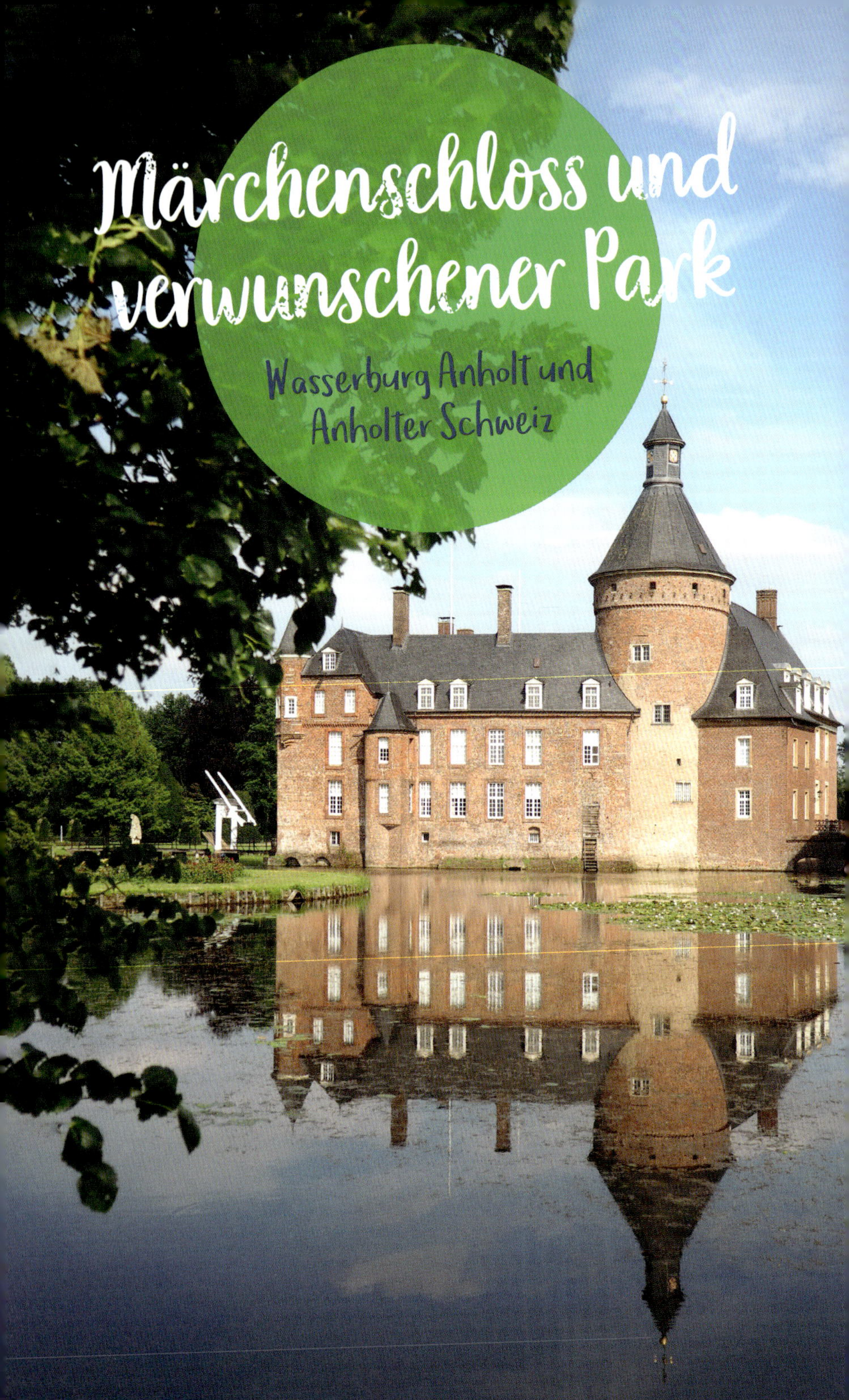
Märchenschloss und verwunschener Park
Wasserburg Anholt und Anholter Schweiz

Dass Aschenputtels Ballsaal gleich neben dem Vierwaldstätter See liegt, ist vermutlich einzigartig. Das finden Sie so nur in Anholt! Hier treffen gleich drei zauberhafte Orte auf einander: eine märchenhafte Wasserburg, angefüllt mit Gemälden und historischen Gegenständen, ein Schlosspark voller Rosenduft und Wasserromantik und ein Wildpark in einer Gebirgslandschaft.

Dort, wo der Niederrhein auf das Münsterland und die Niederlande trifft, gibt es seit mindestens dem 12. Jahrhundert eine prächtige Wasserburg. Der „Dicke Turm" stammt noch aus dieser Zeit. Ursprünglich lag sein Eingang in 9 Metern Höhe, denn so war es Feinden fast unmöglich, hinein zu gelangen. In ihm werden Rüstungen, Waffen und Münzen ausgestellt.

Anreise Pkw/Parkplatz:
Museum Wasserburg Anholt: Schloss 1, 46419 Isselburg-Anholt (GPS 51° 49'58.29"N, 6° 25'45.79"E)
Biotopwildpark Anholter Schweiz: Pferdehorster Straße 1, 46419 Isselburg-Anholt (GPS 51° 49'58.29"N, 6° 25'45.79"E)

Anreise ÖPNV:
Biotopwildpark Anholter Schweiz: Buslinie 61, Haltestelle „Venderbusch" (ca. 750 m Fußweg)

www.anholter-schweiz.de
www.wasserburg-anholt.de

Das „Gesicht" eines Großteils der Gebäude stammt aus einem Umbau um 1700, als die wehrhafte Burg in eine Barockresidenz umgestaltet wurde. Deutlich älter sind jedoch noch die Gewölbe der alten Küche, die ebenfalls öffentlich besichtigt werden können. Bei einer Führung sehen wir noch viel mehr: Ausgehend von der Bibliothek und den dort ausgestellten alten Büchern und Landkarten erkunden wir eine Vielzahl von original ausgestatteten Schlafkammern und Wohnräumen, den Speisesaal und vor allem den riesigen Rittersaal mit den 16,25 Meter langen durchgehenden Bodendielen, Stuckdecken und getäfelten Wänden, in dem der WDR 2011 den Märchenfilm „Aschenputtel" drehte. Nach dem chinesischen Porzellan im Marmorzimmer und dem atemberaubenden Treppenhaus aus dem Jahr 1699 bestaunen wir die Gemäldesammlung mit über 700 Werken vor allem niederländischer, deutscher und italienischer Meister des 17. Jahrhunderts – eine Hauptattraktion ist ein echter Rembrandt: „Das Bad der Diana mit Aktäon und Kallisto".

Tipp

Führungen

Die Wasserburg und ihre zugehörigen Parkanlagen lassen niemanden kalt. Sie bieten in ihrer Vielfalt freudige Erlebnisse und Genuss für alle Altersklassen, die uns noch lange im Gedächtnis bleiben. Wer eine Führung durch die Wasserburg, den Park und den Biotopwildpark in Ruhe genießen möchte, sollte insgesamt zwei Tage dafür einplanen. Weitere Informationen unter: www.wasserburg-anholt.de

Englischer Landschaftsgarten

Ähnlich vielfältig und von nahezu unendlicher Weite (35 Hektar) präsentieren sich die Parkanlagen rund um die Gräfte und einen malerischen See. Während der Bereich nördlich der Burg mit einem Irrgarten, einem Wassergarten, einem Busquett, einer Halbinsel mit Skulpturen und einem Rosengarten barock gegliedert ist, wurde der größte Teil des Parks im englischen Stil mit Laubengängen, einer Wildblumenwiese, seltenen Gehölzen und offenen Parkanlagen gestaltet. Was trocken klingt, ist ein Fest für die Sinne! Von allen Seiten locken Wasserblicke auf das Schloss und seine prachtvollen Türme, Zinnen und Zugbrücken, gerahmt von mächtigen Bäumen und schilfbewachsenen Ufern. Im Irrgarten erleben wir eine Mischung aus Spannung und Nervenkitzel, gepaart zunächst mit dem Erfolg, den Turm in der Mitte erreicht zu haben, von dem aus wir das ganze Heckenlabyrinth überblicken können, und der entschlossenen, nicht immer auf Anhieb erfolgreichen Suche nach dem Ausgang und dem Gefühl, jegliche Richtung und Kontrolle zu verlieren und irgendwann trotzdem ans Ziel zu gelangen. Weite Wiesen, idyllische Pavillons, kunstvoll geformte Skulpturen und malerische Brücken bieten Freiraum zum Laufen, Staunen und Genießen. Und wenn

Im Schlosspark

schließlich die Beine müde sind, können wir im Hotel-Restaurant in der Vorburg Kaffee und Kuchen oder auch Erfrischungen und warmes Essen genießen und im Zweifelsfall auch stilvoll übernachten. Freunden des Golfsports sei noch der benachbarte Golfplatz empfohlen.

Biotopwildpark am Vierwaldstätter See

Doch es geht noch weiter: Gleich nebenan befindet sich – in einem Teil des ehemaligen Schlossparks – der Biotopwildpark Anholter Schweiz. Neben Bären, Wölfen, Luchsen, Füchsen, Wildkatzen und vielen anderen großen und kleinen Tieren bildet die Fels- und Wasserlandschaft rund um das „Schweizer Häuschen" eine ganz besondere Attraktion: Nach einer Hochzeitsreise an den Vierwaldstätter See schuf Fürst Leopold zu Salm-Salm 1893 bis 1903 gleich neben seiner Wasserburg eine Nachbildung der Schweizer Landschaft. Diese außergewöhnliche Szenerie bildet heute das Herzstück des Wildparks, der durch seine Weitläufigkeit und Naturnähe besticht. Nicht verpassen sollte man die Damwildwiese mit Damwild, Kamerunschafen und Eseln sowie das Durchlaufgehege der Zwergziegen mit Tuchfühlung zu kleinen und großen Tieren ohne störende Zäune.

In der Nähe

Ponyhof Leiting, Spielplatz und Ponyhof für Kinder von 2–10 Jahren (www.ponyhof-leiting.de)
Stadtturm Isselburg (www.isselburg.de)
Heimathaus Werth
Heimathaus Anholt (www.anholt-heimatverein.de)
„Dicke Eiche" (Naturdenkmal, Adolf-Donders-Allee, Anholt)
Historische Stadtumwehrung Rees mit unterirdischen Festungsanlagen
Rheinpromenade Rees (www.rees.de)

In der Anholter Schweiz

Das „Schweizer Häuschen“

Uralter Brunnen
und Fernblick
In Hochelten
DRUSUS BRON

Schon als Kind liebte ich den Augenblick, wenn das Wasser nach unendlich erscheinender Zeit unten im Brunnen auftraf: Wenige Orte üben eine derart dauerhafte Faszination aus wie der Drususbrunnen in Hochelten. Und das ist noch lange nicht alles, was es dort oben zu (be-)staunen gibt!

Der Eltenberg erinnert aus der Ferne an einen „Kuchen" aus dem Sandkasten, dessen Sand zu trocken war. Wie zufällig aufgeschüttet ragt er etwa 60 Meter hoch aus der Ebene. An der höchsten Stelle liegt er 82 Meter über NN. Er ist wie das Klever „Cliff" Teil des Niederrheinischen Höhenzugs (siehe S. 17), der durch den Rhein durchschnitten wird („Niederrheinische Pforte"). Bereits vor der Zeit Karls des Großen gab es auf der westlichen Seite eine keltische Fluchtburg. An drei Seiten fiel der Hang hier steil ab. Zum Bergplateau hin ist heute noch ein Wall erkennbar.

Anreise Pkw/Parkplatz:
Parkplatz Lindenallee/Luigardisstraße (neben der Tourist-Information Elten), 46446 Emmerich-Elten

Anreise ÖPNV:
Buslinie 94, Haltestelle „Emmerich Elten Berg" (500 m Waldpfad, 60 Höhenmeter)/Haltestelle „Seminarstraße" (ca. 1 km Fußweg)

Standorte:
Drususbrunnen: GPS 51°51'51.68"N, 6°10'14.76"E
Kirche St. Vitus: GPS 51°51'50.44"N, 6°10'18.41"E

Tourist-Information Elten: Lindenallee 31, 46446 Emmerich-Elten, Telefon 02828/3139680, Tourismus-Elten@wfg-emmerich.de

Zur Zeit Karls des Großen existierte auf dem Eltenberg bereits eine Gaugrafenburg der Grafen von Hamaland. 944 beherbergte sie hohen Besuch: König Otto I. (der Große), der spätere Kaiser, residierte hier mit seinem Gefolge. 967 gründete Graf Wichmann von Hamaland mangels männlicher Erben ein freiadeliges Damenstift. Seine älteste Tochter Luitgard wurde Äbtissin. Es entbrannte ein Kampf mit ihrer jüngeren Schwester Adela (siehe S. 37, Motte Mergelp auf dem Duivelsberg), der Luitgard letztlich das Leben kostete.

St. Vitus Hochelten

Tipp

Barfußpfad

Ein Aufenthalt auf dem Eltenberg kann durch einen Besuch des Barfußpfades abgerundet werden: Der Barfußpfad mit 20 Stationen, 12 verschiedenen Untergründen und einem Kneipp-Becken hat eine Länge von 1,8 Kilometern. Fußduschen (Handtücher mitbringen), Schließfächer (1 €) und Ruhebänke sind vorhanden.
Luitgardisstraße gegenüber Hausnummer 10, Hochelten,
www.kneippverein-elten.de

Der Drususbrunnen

Historische Baukunst

967 wurde als Teil des Stifts die Kirche St. Vitus erbaut und geweiht. Der Nachfolgebau, eine dreischiffige romanische Saalkirche, wurde 1129 geweiht und gilt als älteste Gewölbebasilika am Niederrhein. Nach Zerstörungen 1585 und 1945 erfolgte ein Wiederaufbau in reduzierter Größe. Bereits zur Zeit der Stiftsgründung vor über 1000 Jahren versorgte der Drususbrunnen Burg und Stift mit Wasser. Er ist von einem 170 Jahre alten Bruchsteingebäude umgeben. Seine Geschichte ist überaus spannend! Der Brunnen wurde vom Bergplateau aus von Hand in die Erde getrieben, bis er Schichtwasser er-

Gastronomie

Pannekoekhuys Hoch-Elten, Van-der-Renne-Allee 2a, 46446 Emmerich am Rhein, www.pannekoekhuys-hochelten.nl

reichte, das etwa 21,5 Meter über dem Meeresspiegel liegt. Das Loch führt nicht gerade, sondern aufgrund der Handarbeit leicht gebogen in die Tiefe. Wasser, das zur Demonstration in den Brunnen hineingeschüttet wird, trifft zunächst auf die Wand und prallt erst nach endlos erscheinender Zeit auf die 57 Meter tiefer liegende Wasserfläche. Wir bestaunen die Konstruktion mit den riesigen Zahnrädern, die bis 1931 das Wasser aus der Tiefe nach oben beförderte und nach dem Zweiten Weltkrieg aus der Not heraus erneut in Betrieb genommen wurde. Wie dankbar müssen die Menschen gewesen sein, hier oben über solch eine zuverlässige Wasserversorgung zu verfügen! 1000 Jahre lang!

Aussichten, Natur und Freizeit

Romantische Pfade rahmen die historischen Gebäude auf dem Plateau des Eltenbergs und bieten an mehreren Stellen spektakuläre Aussichten. Südlich der St.-Vitus-Kirche rahmen zwei Stelen die Sichtachse zwischen dem Kirchturm und dem Amphitheater in Kleve. Folgt man dem Pfad weiter in Richtung Westen, so gelangt man an der „Kante entlang“ in ein entrücktes wildromantisches Waldgebiet mit Wällen und Gräben, Schluchten, sehr alten, teils urwüchsigen Bäumen, Baumkreisen und noch sichtbaren Alleen, die uns Geschichten aus längst vergangenen Zeiten erzählen, wenn wir ihnen mit wachem Blick begegnen. Von hier führen auch Pfade

und kleine „Abstiege“ ins Tal. Weiter östlich bietet sich ein weiter Blick auf die niederrheinische Tiefebene und den Rhein mit der Emmericher Rheinbrücke (die 803 Meter lange „Golden Gate Bridge“ des Niederrheins) als Blickfang.

An zentraler Stelle befinden sich ein Minigolfplatz und ein Pfannkuchenhaus, während sich im Norden ein Waldgebiet mit einem Barfußpfad und mehreren Geocaches anschließen. Den Brunnen kann man leider nur am Wochenende besichtigen. Aber glücklich sein und Luft und Weite genießen geht hier immer!

Das STEIN TOR des Künstlers Christoph Wilmsen-Wiegmann markiert die Sichtachse zwischen Hochelten und dem Amphitheater am Klever Springenberg.

In der Nähe

Emmericher Rheinbrücke und Rheinpromenade/Rheinmuseum Emmerich

Mühle am Möllenbölt, Elten

Schlösschen Borghees

Freizeit- und Sportbad Embricana (www.embricana.de)

Museum für Kaffeetechnik (www.museumfuerkaffeetechnik.de)

Niederrhein-Destille (www.niederrhein-destille.de)

Blick ins Rheintal, auf Emmerich und die Rheinbrücke

Wildpferde
an der Waal
Naturschutzgebiet
Millingerwaard

Feiner weißer Sand trifft auf Natur pur: Die unterschiedlichen Wasserstände des Flusses haben die Wurzeln der Bäume freigespült, so dass sich abenteuerliche Gebilde und Höhlen unter knorrigen Stämmen geformt haben, die jedem Hochwasser widerstehen. An einem Ast hängt eine Schaukel. Die friedliche und zugleich abenteuerliche Szenerie wird untermalt vom ständigen Rauschen der Waal und dem Geräusch der Schiffe, die flussabwärts die großen Seehäfen ansteuern. Das ist Millingerwaard.

Anreise Pkw/Parkplatz:
gleich hinter dem Deich zum Polder: Kekerdom an der Weverstraat unterhalb des Duffeltdijk (kostenpflichtig, GPS 51° 51'48"N, 6° 0'17"E); alternativ kostenfrei an der Botsestraat zwischen Millingen und Kekerdom (GPS 51° 51'57"N, 6° 1'22"E)

Anreise ÖPNV:
Linie 60 bis Millingen Grenskantoor, dann Linie X080 oder X082 bis Haltestelle „Kekerdom, Weverstraat"

Standort:
Woodhenge: GPS 51° 51'58.95"N, 5° 59'24.82"E

www.millingerwaard.info
www.millingerteegarten.de
www.iz-keeken.de

Millingerward in seiner ganzen Vielfalt und Unberechenbarkeit: Bei unserem ersten Besuch im nur zu Fuß oder mit dem Rad zugänglichen Polder suchten wir die berühmten wild lebenden Konik-Pferde vergeblich und sahen nur ein einziges Galloway-Rind, beim zweiten Besuch mussten wir regelrecht Wege um sie herum suchen. Nur eines ist sicher: Am Ende ist man immer am Rhein. Wobei auch das nicht stimmt: Hier heißt er schon Waal, denn wir sind in den Niederlanden.

Begegnung auf Augenhöhe mit den frei lebenden Rindern

Hier am Ufer kann man stundenlang dasitzen und schauen, während sich für Kinder ein natürlicher Abenteuerspielplatz bietet. Wenige Meter weiter lockt der Theetuin, ein Teehäuschen mit einem idyllischen Garten. Hier bilden plätscherndes Wasser, blühende Beete, heimelige Hecken und kleine Treppen und Pfade in einem mediterranen und teilweise orientalischen Ambiente ein Gartenparadies.

Am Waalstrand

Woodhenge

700 Meter stromabwärts, ganz im Westen des Gebiets, treffen wir auf „Woodhenge". Leider handelt es sich nicht um einen antiken Kultplatz, trotzdem umgibt diesen Ort eine gewisse Magie: 1995 wurden beim Ausbaggern unweit des Flusses gut erhaltene Eichenstämme gefunden, deren Alter auf mindestens 8.500 Jahre geschätzt wird. Der darüber liegende Boden hatte die Überreste eines früheren Hartholzwaldes konserviert. Die Stämme wurden geborgen und in der Nähe des Waalstrands in einem Kreis aufgestellt. Mag sein, dass wir heute nicht so viel von der Errichtung solcher Stätten verstehen wie früher, doch in den Ring der alten Stämme zu treten, sie zu berühren und zwischen ihnen hindurch zu schreiten, lässt definitiv das Herz höher schlagen. Der Kreis selbst mag neu sein, doch das Holz ist uralt, und das kann man spüren!

Woodhenge

Gastronomie

De Millinger Theetuin, Klaverland 9, 6566 JD Millingen aan de Rijn, Niederlande
Besonders empfehlenswert wegen seiner vegetarischen Küche und des schönen Gartens!

Wildes Leben im Polder

Je weiter wir uns von der Waal entfernen, desto üppiger wird die Natur: Schwarzpappeln, Stromtalflora wie Wiesensalbei und Brachdisteln, wilde Orchideen, majestätische Bäume und wuchernde Sträucher bestimmen die Landschaft, und natürlich das Wasser selbst, das überall zu finden ist. Dazwischen einige Pfade und mittendrin ein Vogelbeobachtungsposten. Neben einem See grast entspannt eine Herde Konik-Pferde. Sie können sich innerhalb des Gebiets frei bewegen. Einige fressen, andere ruhen, einzelne Mitglieder der Herde halten Wache. Auf dem Weg vor uns liegen einige Galloway-Rinder und machen es uns unmöglich, den empfohlenen Abstand von 25 Metern einzuhalten. Die Tiere sind entspannt, als wir uns vorsichtig an ihnen vorbeidrücken, dennoch lehrt uns die Begegnung den Respekt vor der unkontrollierbaren Natur und gleichzeitig die Achtung vor deren Schönheit.

Auf dem Weg zum Vogelbeobachtungsposten

Flussaufwärts nach Deutschland

Wilde Orchideen am Wegesrand

Millingerwaard grenzt im Südosten an die Stadt Millingen aan de Rijn. Folgen wir der Waal auf dem Radweg vom Theetuin stromaufwärts nach Millingen und weiter nach Deutschland, gibt es auch hier viel zu sehen: eine Fähre, die Stelle, an der der Rhein sich in Waal und Pannerdenkanal teilt, und das Fort Pannerden an der Spitze der Halbinsel zwischen den beiden Flussläufen. In Millingen selbst gibt es einen bekannten und sehr beliebten Spielplatz, auf der deutschen Seite das Naturschutzgebiet Düffelt und in Keeken ein Infozentrum zum Naturraum „Gelderse Poort". Das alles zu erkunden, ist nicht an einem Tag zu schaffen. Es gibt noch viel zu entdecken – freuen wir uns darauf!

In der Nähe

Speeltuin de Steense Gemeente, Millingen a.d. Rijn
Ooijpolder und Bizonbaai
Nijmegen
Fort Pannerden (www.fortpannerden.eu)
Naturschutzgebiet Düffelt zwischen Keeken, Kranenburg und Kleve